Testemunhos tangíveis

cenas de leitura na literatura moderna

Testemunhos tangíveis

cenas de leitura na literatura moderna

Nora Catelli

Tradução

Catarina Lara Resende

Ieda Magri

Wagner Monteiro

/re.li.cá.rio/

Apresentação

MAX HIDALGO NÁCHER

Ficções da leitura

> *Lemos já sabendo que não apemas a instituição literária, mas também os livros, podem desaparecer.*
> Nora Catelli, *Testemunhos tangíveis*

1. Leituras do imaginário

Testemunhos tangíveis, de Nora Catelli, aqui traduzido para o português por Catarina Lara Resende, Ieda Magri e Wagner Monteiro, é um livro que explora, no limiar do século XXI, as representações da leitura e suas transformações na narrativa moderna. E, para fazê-lo, parte de duas convicções. Em primeiro lugar, a de que "a construção do sujeito moderno se deu por meio da leitura e a partir dela". E, em segundo lugar, a de que a literatura, antes de ser documento de qualquer outra coisa, é sempre documento de si mesma. Dessa forma, as representações da leitura nunca aparecem como meros documentos históricos, mas como algo ligado a um desejo e a uma inquietação, permitindo ler nelas "os projetos, promessas, sonhos ou temores que suscitam". Por isso, as ficções, longe de serem um simples reflexo de uma realidade prévia, tornam legíveis, na configuração dessas cenas de leitura, "autênticas teorias do livro como documento, como relato autobiográfico, como ícone, como comunicado oficial, como panfleto (...). Escritas do futuro, porque, nessas cenas, a representação do livro como suporte material é sempre uma promessa do que virá, com seus terrores e suas felicidades". Isso tem uma consequência importante: a onipresença das mulheres leitoras na narrativa moderna (desmentida pelas estatísticas) não é um fato histórico em si, mas um sintoma: "A ficção do século XIX proclama como fato o que era apenas um desejo ou um temor", o que faz com que ela seja, mais do que "realista", "profética".

No arco traçado por Catelli, observamos como se transforma o valor atribuído à leitura desde a sua celebração, que ocorre na narrativa do século XIX, até a sua "satanização explícita", a partir do início do século XX, após assistirmos "ao rareamento e até ao desaparecimento de seus sinais e emblemas". A culminação do romance do século XIX se daria, segundo a autora, com *O caso Dora* (1905), de Freud, "último romance do século XIX", a partir do qual se anunciaria a extinção da leitura. "A narrativa do século XX", continua Catelli,

> se dedicará, precisamente, a questionar o que fazer com a Literatura – com o romance, com a poesia, com o ensaio –, agora que seu acesso se tornou universal. Por isso, torna-se interrogativa, especulativa, vagamente apreensiva. Por isso, as figuras da paixão pela leitura cedem lugar, progressivamente, às da extinção.

Uma das características singulares deste ensaio, pelo qual sua autora recebeu o XXIX Prêmio Anagrama de Ensaio, reside no modo como constrói seu objeto de estudo na encruzilhada de tradições críticas: a psicanálise e a desconstrução, que exploram o problema da subjetividade e do ilegível; a sociologia do livro e da leitura, que mobiliza as estatísticas de alfabetização e estuda a história das tecnologias, dos suportes e dos modos de leitura; o feminismo e os estudos culturais, que investigam a articulação entre sujeitos, discursos e representações; a crítica literária, entendida – contra qualquer tentativa de totalização – com base na singularidade dos textos, em que se tornam irrenunciáveis o *close reading* e a atenção ao detalhe. A partir dessas coordenadas e de uma ampla cultura leitora, que atravessa as épocas e as tradições nacionais, este ensaio mostra, entre outras coisas, que Madame Bovary não era tanto uma leitora de folhetins, e sim alguém capaz de ler *toda a literatura* como se fosse um vasto romance ou folhetim. O que aponta para a inquietante possibilidade de que a leitura (e, nesse caso, uma leitora qualquer) possa perverter o valor da biblioteca. O caso de Madame Bovary aparece aqui como paradigmático de um medo próprio de setores importantes da cultura letrada do século XIX e do início do século XX: o receio de que a ampliação dos públicos leitores, e a consequente introdução de novos sujeitos da leitura, destruísse ou pervertesse a cultura. Como afirma Catelli, em um contexto no qual predominava o analfabetismo (especialmente entre as mulheres), "ver uma mulher lendo significava imaginá-las todas *nela*". Nessas cenas de leitura feminina, que se repetem na narrativa do século XIX, as mulheres apareciam como uma metonímia do *exterior*, ou seja, como sujeitos capazes de promover leituras imprevistas da biblioteca, leituras que poderiam desviá-la dos usos e destinos que lhes eram reservados por uma determinada ordem letrada.

O livro se constrói com base no entrelaçamento de um mosaico de leituras no qual a autora, após relembrar algumas cenas clássicas de Dante (*A divina comédia*), Cervantes (*Dom Quixote*) e Goethe (*Werther*), revisita figurações da leitura em Flaubert (*Madame Bovary* e *Bouvard e Pécuchet*), Charlotte Brontë (*Shirley* e *Villette*), Fielding (*Tom Jones*), George Eliot (*O moinho à beira do rio Floss* e *Middlemarch*), Wordsworth (*O prelúdio*), Balzac (*Modesta Mignon*), Fernán Caballero (*Clemencia*), José Mármol (*Amalia*), Clarín (*A corregedora*), Nathaniel Hawthorne (*A letra escarlate*), Gérard de Nerval (*Sylvie*), Émile Zola (*O dinheiro*), Knut Hamsun (*Fome*), Joseph Conrad (*Coração das trevas* e *Vitória*), Virginia Woolf (*Entre os atos*, *Mrs. Dalloway* e *Anon*), Juan Benet (*Una meditación*), Clarice Lispector (*A hora da estrela*) e... Freud (*O caso Dora*, narrado em *Fragmento de uma análise de histeria*). A listagem cumpre sua função, pois esse *corpus*, como afirma a autora, "não é o único percurso possível":

> Onde aparece Fielding, poderia estar Richardson; onde aparece Wordsworth, Coleridge ou Byron; onde está Balzac, Stendhal ou Jane Austen; onde está Fernán Caballero ou José Mármol, Jorge Isaacs; onde aparece Clarín, poderia aparecer Benito Pérez Galdós ou Emilia Pardo

> Bazán; onde aparece Flaubert ou Charlotte Brontë, Dickens; onde está Nathaniel Hawthorne e George Eliot, George Meredith ou Willa Cather; onde aparece Zola, Dostoiévski ou Oscar Wilde; onde está Joseph Conrad, Henry James; onde está Virginia Woolf, James Joyce ou Proust; onde aparece Juan Benet, Alain Robbe-Grillet. Existe apenas um caso que não admite substituição: onde está Freud, só pode estar Freud.

Essa enumeração – que trazemos aqui para situar a relação entre o discurso crítico e seu objeto – evidencia a exemplaridade dos trechos escolhidos ao mesmo tempo em que exemplifica o procedimento crítico, mostrando como as sequências, longe de serem unívocas, constituem-se a partir de um complexo tecido de séries disjuntivas que se cruzam nos textos e que podem ser ativadas na leitura. Pois, como afirma Catelli, em uma amostra da *economia de sua escrita*, "citar, comentar e interpretar os textos é algo que acontece aqui simultaneamente; na minha opinião, a crítica consiste nessa coincidência".

Testemunhos tangíveis tem, além disso, um precedente próximo em *El tabaco que fumaba Plinio. Escenas de la traducción en España y América: relatos, leyes y reflexiones sobre los otros*[1] (Serbal), uma antologia de cenas de tradução representadas na literatura castelhana entre o século X e 1925 por meio das quais Catelli e Marietta Gargatagli propunham uma maneira de pensar a história da tradução que partia da "cena da tradução" como um "lugar imaginário onde se ajuíza justamente a existência dos outros". O livro, publicado em 1998, já apresentava o problema da leitura do ponto de vista da tradução, mediante o estudo de algumas de suas *cenas*. Esse enfoque já apontava para uma questão central em *Testemunhos tangíveis*: "A origem não precede a cena da tradução, antes, é produto da mesma cena" (Catelli; Gargatagli, 1998). Na mesma linha, pode-se afirmar que aquilo que é lido não precede uma leitura, que nunca ocorre no vazio, mas sempre em uma cena (que implica sempre sujeitos, uma localização e uma datação determinada, e que, dessa forma, pode ser colocada em série com outras cenas de

1. Ainda sem tradução ao português.

leitura). Assim, "não há leitura que não seja, ao mesmo tempo, uma localização e, sobretudo, uma data" (Catelli, 2018).

Nesse sentido, cabe destacar uma característica do exercício crítico praticado por Catelli: aqui, a crítica resiste a assumir uma função ilustradora, e os objetos culturais – longe de aparecerem como instâncias intercambiáveis e, portanto, em última instância, indiferentes, que permitiriam ilustrar um pensamento prévio por meio da aplicação unívoca de certos pressupostos teóricos – apresentam, de uma forma ou de outra, uma resistência à compreensão, exigindo a singularidade de *uma* leitura (Catelli, 2003).[2] Ao interrogar as funções da leitura, a crítica preserva na memória – inclusive diante das representações mais estereotipadas – aquela experiência que afirma que "a leitura é o momento da vertigem, o instante da experiência abismal em qualquer texto" (Catelli, 2007).

2. Aprendizagens do real

Catelli, nascida em Rosário (Argentina) em 1946, faz parte da diáspora de escritores, intelectuais, profissionais da cultura e cidadãos argentinos que se viram forçados a exilar-se de seu país na segunda

2. As diferenças entre os procedimentos críticos de Williams e Žižek funcionam, para Catelli (2003), de maneira paradigmática, como a separação entre dois modos da crítica, a partir da qual ela toma partido: "Williams vincula as transformações sociais a diversas reviravoltas formais e a sucessivas recolocações de suas funções genéricas, que nesses giros nunca expressam relações lineares com os papéis sociais; ao contrário, as reviravoltas obrigam a revisar historicamente esses papéis sociais. Žižek, por outro lado, baseia-se em múltiplas referências ao cinema e à literatura, mas a argumentação então cede lugar à ilustração (...). Em ambos, esse exame se dá sobre documentos da cultura em um sentido muito amplo. A diferença é que, para Williams, esses documentos são formas complexas, fontes de conhecimentos provisórios, paradoxais, inconclusivos; para Žižek, são ratificações da teoria. Entre uma e outra posição, há a distância que separa a crítica da ilustração, a argumentação da aplicação. Nessa distância, hoje, se dá o debate sobre a literatura e a arte: o debate sobre suas fronteiras estéticas, sobre seu horizonte hermenêutico, sobre sua especificidade provisória, histórica, mas necessária. Se as formas se tornam indiferentes para a teoria, o que resta é um arquivo indefinido e mecânico de exemplos intermináveis".

metade dos anos 1970 por causa da violência política da ditadura militar. A crítica rosarina deixou a Argentina de navio, fugindo com Jorge Belinsky das ameaças da Triple A (Aliança Anticomunista Argentina) em dezembro de 1975, e chegou a Barcelona em janeiro de 1976. Embora fosse professora na Universidade Nacional de Rosário, onde lecionou no curso de Letras entre 1971 e 1975, em Barcelona trabalhou, como ela mesma narra, como "professora de inglês em uma escola, como secretária bilíngue em uma empresa de sulfato de alumínio, que serve para depurar a água, e como secretária de Jorge Edwards em uma editora de livros fiscais a domicílio" (Catelli, 2003b). De 1982 a 1997

> trabalhei em todos os ofícios do ramo: ghostwriter, tradutora, redatora de fascículos (por exemplo, para uma coleção da História da Literatura Espanhola com o pseudônimo de uma de minhas bisavós, Elena Carbonell), redatora de revistas de moda e cosmética, de história, de contracapas. Fiz, sobretudo, centenas de leituras na editora Lumen e de biografias para diversas enciclopédias, além de traduções. (Catelli, 2020)

A isso se somam a coordenação de "uma enciclopédia – que não foi publicada – para o México" e a escrita de "centenas de biografias para anuários". Além disso, como uma modalidade a mais de leitura-escrita – continua Catelli –, "comecei a escrever na imprensa e, nos primeiros anos da transição espanhola, fiz, além de resenhas de literatura latino-americana, muita crítica do romance peninsular que surgia naquele momento" (Catelli, 2003b).

Nesses vinte anos, até ingressar na Universidade de Barcelona em 1997 como professora de Teoria da Literatura, trabalhou escrevendo para revistas como *Quimera* e *El Viejo Topo* e para jornais como *La Vanguardia*, antes de passar a colaborar, anos depois, com *El País*:

> Em 1978, tentei fazer a tese, mas eram anos difíceis demais. Quando retomei tudo, no início dos anos 90, *A expressão americana*, de Lezama

Lima, surgiu quase naturalmente como tema e também como formato – um *"close-reading"* de um só texto – talvez como compensação para essa espécie de dispersão de interesses na qual de fato vivi e vivo. (Catelli, 2003a)

Desses anos datam também a grande maioria de suas traduções,[3] entre as quais se incluem as de Peter Gay (*La cultura de Weimar*, Barcelona, Argos Vergara, 1984), Paul de Man ("Conclusiones acerca de 'La tarea del traductor' de Walter Benjamin", *Diario de poesía*, 1988),[4] Frank Kermode (*Historia y valor. Ensayos sobre literatura y sociedad*, Barcelona, Península, 1990), Gertrude Stein (*Q.E.D. las cosas como son*, Madrid, Horas y Horas, 1993), Edward W. Said (*Cultura e imperialismo*, Barcelona, Anagrama, 1996) e Raymond Williams (*Solos en la ciudad. La novela inglesa de Dickens a D.H. Lawrence*, Madrid, Debate, 1997).[5] Além disso, Catelli prefaciou e/ou acompanhou a publicação de textos de Virginia Woolf, Franz Kafka, Charlotte Brontë, George Eliot, Henry James, Nathaniel Hawthorne, Rómulo Gallegos, Clarice Lispector, Armonía Somers, Idea Vilariño, Miquel Bauçà, Edward W. Said e Walter Benjamin. A maioria desses trabalhos foi realizada, como mostram as datas, fora da universidade. Daquele período data seu primeiro livro, *El espacio autobiográfico* (Barcelona, Lumen, 1991),[6]

3. Mantemos os títulos em espanhol para destacar o trabalho de Catelli como tradutora dessas obras.

4. O texto foi republicado em *La tarea del traductor: Walter Benjamin*, editado por Nora Catelli em 2021, edição que inclui o conhecido texto de Benjamin em sua versão original e uma tradução para o castelhano de Robert Caner-Liese, assim como a tradução de Catelli das "Conclusiones acerca de 'La tarea del traductor' de Walter Benjamin", de Paul de Man, e de um extenso prólogo dela própria sobre os usos do texto de Benjamin no imaginário teórico e na crítica contemporânea.

5. Após essa data, que coincide com sua entrada na universidade, registramos apenas sua tradução de *Pensadores temerarios: los intelectuales en la política*, de Mark Lilla (Madrid, Debate, 2004).

6. Em 2007, a editora rosarina Beatriz Viterbo reeditou *El espacio autobiográfico*, junto com E*n la era de la intimidad* [Na era da intimidade], livro que reúne estudos realizados entre 1992 e 2005, acompanhados de uma introdução e de um texto sobre Paul de Man escritos em 2006.

ao qual a autora se referiria como "um trabalho universitário sem universidade" (Catelli, 2015b):

> Eu o escrevi quando nem sonhava em voltar para a universidade: havia traduzido um artigo de Paul de Man sobre Walter Benjamin e começado a ler coisas sobre a tradição do culto mariano em espanhol; segui lendo Paul de Man, incorporei Lejeune e, claro, Bakhtin, sobre quem havia escrito, em 1980, uma espécie de apresentação da obra para uma revista de Madrid, e esse cruzamento produziu, acredito, o livro. (Catelli, 2003b)

O "cruzamento" em questão, apresentado neste fragmento de forma casual, supõe, na verdade, a articulação de toda uma problemática a partir da qual se interrogam, ao mesmo tempo, as textualidades e as subjetividades modernas, sem deixar de pensá-las com base no que Foucault chamaria de uma *história geral*.[7] Essa perspectiva propõe, seguindo Goethe, que "a arte e a filosofia podiam ser consideradas fragmentos de uma enorme confissão". "Essa câmara de ar, essa impostura" – escrevia Catelli – "é o espaço autobiográfico: o lugar onde um eu, prisioneiro de si mesmo, obsessivo, mulher ou mentiroso, proclama, para poder narrar sua história, que ele (ou ela) foi aquilo que hoje escreve" (Catelli, 1991). Em seu livro, Catelli retomava essa postulação da semelhança – que teria deixado de ser óbvia na contemporaneidade – para interrogá-la mediante a crítica de Paul de Man: "Se o desejo da semelhança sustenta nossa convicção sobre o caráter humano da linguagem, a própria impossibilidade de que a semelhança exista é o que permite, ao contrário, a existência da linguagem". Essa "descoincidência" entre desejo e linguagem, que constitui um campo de tensões, será, assim, o ponto de partida que permitirá percorrer

7. Cabe destacar a distinção entre "história geral" e "história global": "Uma descrição global estreita todos os fenômenos em torno de um centro único – princípio, significado, espírito, visão de mundo, forma de conjunto; uma história geral, ao contrário, desdobraria o espaço de uma dispersão" (Foucault, 1969, p. 19).

o *espaço autobiográfico* que, "mais que um tipo de texto", seria "um 'momento' presente em qualquer texto" (Catelli, 2007).

A autora apresentava aquele estudo, escrito na Espanha, como "um livro de teoria literária, emergido dos nomes e das posições que havia aprendido (e entusiasticamente ensinado) nos anos de Rosário" (2015b). Da universidade argentina em que se formou, e que teve de abandonar à força com 29 anos, Catelli destacava dois elementos que se transferem para seu próprio trabalho: seu caráter enciclopedista e o fato de que não existia nela algo como uma especialização em literaturas nacionais, o que contrastava com os estudos de Letras que encontrou ao chegar a Barcelona, onde as disciplinas se separavam por línguas a partir do segundo ano.

Se voltamos a essas questões, é porque a autora, em sua figuração autobiográfica, nunca deixou de insistir em sua dívida com a universidade argentina onde se formou e no valor que teve para ela a revista *Punto de Vista* (1978-2008), dirigida por Beatriz Sarlo:

> A disposição intelectual crítica é o resultado de um aprendizado: em primeiro lugar, devo à extraordinária universidade argentina onde me formei e ensinei, até 1975, o interesse e a curiosidade pelas modas e pelas diferentes correntes, bem como o inesgotável entusiasmo por formular problemas e enigmas literários. Também devo a ela a irrefreável inclinação para estabelecer conexões e o gosto pelas analogias e pelos confrontos críticos dramáticos. (Catelli, 1995)

Sobre sua chegada a Barcelona, uma cidade com uma tradição letrada bilíngue (castelhana e catalã), Catelli (1995) destaca a experiência do choque linguístico:

> Ao chegar à Catalunha, aprendi, quase inadvertidamente, que eu pertencia a um universo linguístico triunfante e, portanto, irreflexivo. E que, a partir desse fato histórico, eu atribuía, sem outra legitimação além da que advinha dessa vitória, a mais completa e única vigência literária a uma tradição – a castelhana – que só era uma, entre tantas

outras possíveis, *no mesmo território*. Para alguém que vem de um país como a Argentina, construído sobre a ideia de que é preciso unificar linguisticamente o território ou morrer, isso pode ser tanto uma revelação traumática quanto a fonte de uma maneira distinta, talvez mais livre, de pensar nossas literaturas.

É um consolo supor que, ao menos no meu caso, essa liberdade tenha sido resultado do fato irreversível de já não pertencer inteiramente a um único meio e a uma única história.

Com tudo isso, tanto a longa trajetória extrauniversitária de Catelli quanto sua condição americana, com base na qual pensa e escreve, são duas características que marcam a singularidade de sua obra crítica. Sobre sua chegada a Barcelona, ela afirmou: "A única forma de compreender esse cenário inesperado era, para mim, fazer crítica da literatura espanhola. Mas meu horizonte não era peninsular" (Catelli, 2020). E, quando escreve sobre literatura espanhola, como em *Juan Benet, guerra y literatura* (2015a), o faz com consciência de uma distância.[8] Sua condição deslocada, bem como seu interesse transversal pela contemporaneidade, com foco nas produções estéticas e literárias, conectam-se a alguns de seus gestos críticos e a certas modulações de seu discurso. É dessa posição liminar que se torna legível o comentário de Borges (Catelli, 2020) sobre a ausência de camelos no *Corão*, interpretado como um ponto cego que serve de "recordação exemplar da insuficiência de toda pretensão de verdadeira universalidade". A reivindicação não disciplinar da literatura comparada encontra também um de seus fundamentos nessa experiência do deslocamento. Catelli (2020) sustenta a respeito:

8. Seu livro sobre Benet se abre com uma "Advertência", da qual resgato alguns trechos: "Leio Benet com um olhar externo: externo à literatura castelhana e externo à história da Espanha (...). Seria difícil para mim aderir ao hispanismo acadêmico porque minha formação me faz desconfiar do confinamento. Por outro lado, comparatistas somos todos nós, leitores: o comparatismo define especialmente uma atividade, não uma disciplina (...). Só posso fazer crítica com Benet; isto é, intervenção (...). Não existe uma aproximação completa a uma obra que seja, ao mesmo tempo, crítica" (2015a).

> A literatura comparada é o modo corrente de ler porque ninguém lê de maneira exclusiva sua literatura nacional, nem sequer os especialistas das literaturas nacionais. Durante muito tempo, as filologias castelhana e catalã, com as quais convivo, caracterizaram-se por dedicar-se só ao grande rio – século por século – de seus respectivos acervos nacionais. A tradição argentina, por outro lado, sempre se considerou fora dessa tentação absolutista, o que tem a ver com a diferença radical entre o surgimento simbolicamente exógeno das tradições americanas, que sempre vêm de outra parte, e a extensa configuração ilusoriamente endógena das tradições centrais europeias.

Catelli escreve, assim, para usar com certa liberdade o termo de Silviano Santiago, a partir de um *entre-lugar* que lhe permite intervir com uma consciência relativa de sua posição em função dos diferentes contextos com os quais dialoga. É desse não pertencimento que ela pensa, de sua margem, diversas tradições nacionais e transita da desconstrução demaniana aos estudos culturais e ao feminismo, passando pela psicanálise, para perguntar-se, entre outras coisas, sobre as chamadas escritas do eu. Como afirma a autora, referindo-se a uma certa condição periférica das literaturas americanas hispânicas e latinas, talvez reforçada por sua experiência de deslocamento:

> Somos, sem dúvida, esforçados cosmopolitas. Esse é o efeito da assimetria. Somos leitores habituados a não justificar nossos duplos ou triplos usos literários e teóricos: nossas nações o permitem, o facilitam, o necessitam. Nós, latino-americanos – e até certo ponto, também os espanhóis, embora de forma muito diferente e com sensíveis resistências –, estamos acostumados a pensar em dois ou três mundos ao mesmo tempo e a intervir no nosso, no específico, no de nossas línguas e suas hierarquias, atraindo para ele referências externas de natureza e origens variadas. (Catelli, 2018)

3. Ensinos do simbólico

> *Faço esse breve excurso sobre minha vida acadêmica barcelonesa, que durou dezenove anos, porque isso explica, até certo ponto, o hábito crítico que poderia descrever como meu: uma espécie de estado de reminiscência contínua, dentro das zonas que pude abarcar sem dominar completamente, no qual as leituras atuam como irrupções, como estilhaços, como incandescências da memória da literatura.*
> Nora Catelli, "Entre Rosario y Barcelona"

Catelli só ingressará na universidade espanhola – após defender, em 1996, na Universidade de Barcelona, uma tese doutoral sobre *A expressão americana*, de Lezama Lima – em 1997, quando Jordi Llovet funda a disciplina de Teoria da Literatura nessa universidade. Nela, será incorporada como professora titular, lecionando ali até sua aposentadoria em 2016. Como afirma Catelli (2015c), "entrei ali, surpreendentemente para mim e para todos, porque não havia antecedentes de alguém que fosse uma freelancer e ingressasse na universidade sem ter feito toda a carreira acadêmica". A equipe à qual foi integrada teve inicialmente a tarefa de criar a disciplina Teoria da Literatura como obrigatória do primeiro ano, ensinada desde [1999-2000] nos vários cursos da Faculdade de Filologia e, a partir do segundo semestre do mesmo ano letivo, criou o curso do segundo ciclo (ou seja, terceiro e quarto anos) de Teoria da Literatura e Literatura Comparada.

Entre as disciplinas ministradas por Catelli nesses anos, está Instituições Literárias da Modernidade, uma matéria optativa na qual – trabalhando com textos de Henri-Jean Martin, Raymond Williams, Pierre Bourdieu, Roger Chartier, Michèle Petit, Raffaele Simone, Dominique Julia, Reinhard Wittmann, Martin Lyons, Armando Petrucci e Andreas Huyssen – propunha-se uma reflexão sobre o surgimento e a definição do livro, do leitor e do público na modernidade, a partir de uma análise do espaço social de circulação de bens simbólicos por meio de uma pesquisa sociológica cruzada com um estudo dos imaginários literários e de suas figuras de leitor.

Quando o curso de Teoria da Literatura e Literatura Comparada[9] se tornou, em 2009-2010, o bacharelado em Estudos Literários, com duração de quatro anos, algumas das reflexões dessa disciplina foram integradas em uma disciplina obrigatória de primeiro período, intitulada História do Livro e da Leitura, também ministrada por Catelli, na qual – além de revisitar o lugar da leitura e suas cenas em romances como *Dom Quixote*, de Cervantes, *Middlemarch* e *O moinho à beira do rio Floss*, de George Eliot, *Bouvard e Pécuchet*, de Gustave Flaubert, ou *Entre os atos*, de Virginia Woolf – partia-se dos estudos de Roger Chartier e de Robert Darnton, mas também de Walter J. Ong, Michel de Certeau e Armando Petrucci, para pensar não apenas a complexidade da circulação material e simbólica dos livros, mas também – por meio da materialidade da escrita, da história dos suportes e das tecnologias de inscrição, dos índices de alfabetização, dos modos de circulação do texto e das modalidades de leitura – a dificuldade de conceber o ato de leitura e sua incidência tanto no campo cultural e político quanto nos processos de subjetivação. Sobre essa disciplina, afirmava Catelli, na parte final de *Testemunhos tangíveis*:

> É revelador que, após a história do livro, proponha-se agora, como nova disciplina, a história da leitura, entendida como um cruzamento entre as abordagens imanentes ao texto e aquelas que o estudam em sua relação obrigatória com o suporte material: ou seja, como uma história social e conceitual de suas funções imaginárias e reais. As questões que emergem desse cruzamento são sintomas dessa preocupação com o destino do livro, questões surgidas dos estudos históricos justamente a partir das incógnitas do passado.

Novamente, um "cruzamento", duplamente sintomático, no qual convergem passado e futuro, materialidade e imanência e, em última

9 Tratava-se de um curso de especialização, isto é, de terceiro e quarto anos, ao qual podiam ter acesso estudantes que já tinham um primeiro ciclo (primeiro e segundo anos) de outros cursos ou, em muitos casos, que já tinham um curso completo.

instância, leitura e escrita, o que acaba repercutindo na singularidade tanto do gesto crítico quanto do objeto cultural. O que levava Catelli a afirmar:

> Nos textos narrativos, as figuras da leitura são testemunhos, "testemunhos tangíveis" da leitura (como diria Lucien Febvre), mas, ao mesmo tempo, "testemunhos tangíveis" de sua precariedade, de sua fragilidade: elas expõem os projetos, promessas, sonhos ou temores que a leitura desperta. Por isso, essas representações podem ser consideradas lugares onde se reflete sobre a literatura que está por vir.

Mais de vinte anos após sua primeira publicação, o que pode nos dizer este livro? Em primeiro lugar, invoca, com agudeza crítica, nossa memória leitora. Em tempos digitais de inteligência artificial, em que antigos mitos totalizadores retornam com força, este livro nos convida a enfrentar os problemas de nossa contemporaneidade rejeitando dois extremos: o do nunca visto e o do sempre igual. Em segundo lugar, convida-nos a retornar às potências ativas do imaginário e a esse ato mínimo e plural, extremamente complexo, que é a leitura e que, envolvendo o corpo e a materialidade, retorna ao registro simbólico e ao laço social no qual se sustenta, seja para ratificá-los, deslocá-los ou colocá-los em crise. Em terceiro lugar, nestes tempos póstumos, que não ousam erguer o olhar para o horizonte, *Testemunhos tangíveis* nos convida a nos perguntar – fazendo-nos levantar os olhos do livro, como queria Barthes, ou da tela –, para além de uma imaginação distópica, o que ainda poderia nos permitir pensar e imaginar a literatura e, inclusive – se for o caso –, seu desaparecimento.

Pois uma das lições deste livro é que não há começos – nem finais – absolutos. Uma nova tecnologia ou um novo modo de leitura não abolem os anteriores; antes, os ressignificam e transformam sua função. Nesse sentido, este livro também pode ser lido hoje como um modo de resistência a certos discursos apocalípticos (que, na verdade, são antigos) sobre o fim do livro e a crise da leitura. Talvez esses discursos não só sejam testemunhos tangíveis da miséria de uma realidade prévia (uma hipótese que sempre precisar ser confirmada), mas também, e especialmente, da indigência do nosso próprio pensamento, incapaz de desdobrar novas tramas, figurações e horizontes de sentido que construam, modulem, confirmem, declinem ou refutem os problemas mais prementes de nossa contemporaneidade.

> [Essas representações] não são meros fragmentos ululantes de uma única e infalível Cassandra a anunciar o desastre, mas *figuras* – ou seja, silhuetas, fingimentos, sonhos. São as maneiras singulares e contraditórias pelas quais nossos antepassados imediatos tentaram compreender o papel dos novos sujeitos sociais, como as mulheres ou os plebeus, e também especular sobre as consequências da alfabetização universal, entre elas, a necessidade permanente de se distanciar desses novos sujeitos. Ao fazê-lo, projetaram essas figuras em nossa direção: seu sentido está na flecha, não no conteúdo. Do deciframento dessa tendência depende a invenção de outras figuras – outras silhuetas, outros fingimentos, outros sonhos – para esses novos sujeitos e esses novos objetivos que hoje constituem o problema fundamental da definição do literário. Somos, como leitores, consequência de uns e de outros; portanto, somos os leitores hipotéticos das novas representações.

Referências citadas de Nora Catelli

El espacio autobiográfico. Barcelona: Lumen, 1991.

A favor de la colisión. *Ínsula*, n. 587-588, p. 13, nov. 1995.

Testimonios tangibles: pasión y extinción de la lectura en la narrativa moderna. Barcelona: Anagrama, 2001. (XXIX Prêmio Anagrama de Ensaio).

El pensamiento crítico de Raymond Williams a Slavoj Žižek. *Cuadernos Hispanoamericanos*, n. 632, p. 81-87, fev. 2003a.

Incorporar lo "otro". *Nueve Perros*, v. 2, n. 2/3, p. 81-87, 2003b.

En la era de la intimidad: seguido de: el espacio autobiográfico. Rosario: Beatriz Viterbo, 2007.

Juan Benet: guerra y literatura. Madrid: Libros de la Resistencia, 2015a.

El oficio y la academia: apuntes sobre las modalidades de circulación y producción de los libros. *Orbis Tertius*, v. 20, n. 21, p. 128-132, 2015b.

Entrevista con Santiago Venturini. In: GERBAUDO, A. *Tanto con tan poco*: los estudios literarios en Argentina 1958–2015. Santa Fe: UNL, 2015c. p. 212-218. (Los estudios literarios en Argentina y en España Institucionalización e internacionalización, v. 2).

Asimetría: espectros del comparatismo en la circulación de la teoría. *Badebec*, v. 8, n. 15, p. 179-198, set. 2018.

Desplazamientos necesarios: lecturas de literatura argentina. Paraná: Eduner, 2020.

La tarea del traductor: Walter Benjamin. Valdivia: Universidad Austral de Chile, 2021.

CATELLI, Nora; GARGATAGLI, Marietta. *El tabaco que fumaba Plinio*: escenas de la traducción en España y América: relatos, leyes y reflexiones sobre los otros. Barcelona: Serbal, 1998.

Prefácio à nova edição

NORA CATELLI

Das cenas de leitura ao cenário do arquivo

Cenas de leitura

Em 2001, quando este livro foi publicado pela primeira vez, as perguntas que propunha eram relativamente diretas. Em 2024, essas questões seguem vigentes, embora o horizonte histórico e conceitual inclua problemas até certo ponto novos. Hoje, insiste-se em transformar em objetos privilegiados de questionamento aqueles sistemas que contêm – armazenam, classificam – os livros; hoje, poderíamos dizer, lê-se os arquivos como antes se liam apenas os livros.

Começo pelas minhas perguntas de 2001. A primeira: eram fundados os receios em torno da caducidade do livro em papel como suporte físico da leitura? Naqueles anos, irrompia a exuberante promessa do livro digital como o grande substituto do papel. Muitos imaginaram então um mundo onde as modestas bibliotecas dos colégios de ensino fundamental e médio, das universidades e dos bairros (quando existiam e as que seguem existindo) seriam substituídas por tablets e dispositivos similares. Por que essa substituição era considerada útil e eficiente? Por que gestores e pedagogos aderiram a esse súbito otimismo, quase à la *Bouvard e Pécuchet*, diante dos novos saberes técnicos?

Talvez porque o livro em papel provoque um repúdio difuso. Por um lado, ocupa espaço físico, e esse espaço não é rentável. Atualmente, em Barcelona, há edifícios dedicados a serem bibliotecas, premiados (e rapidamente tornados moribundos), que ostentam orgulhosos prêmios de arquitetura, mas com catálogos apenas respeitáveis. E as bibliotecas públicas quase não aceitam doações; tampouco as das prisões, salvo quando se trata de literatura infantil, no caso das prisões femininas. Por outro lado, a circulação do livro é, nesta modernidade de controle distópico, equívoca e pouco fiscalizável. O livro é de uso individual e, ao mesmo tempo, massivo, já que, a partir de um indivíduo, pode viajar infinitamente, quase sem deixar rastros, enquanto cada etapa de reprodução digital fica registrada. Enquanto o livro circula de modo selvagem, o texto digital pode ser continuamente supervisionado.

Essa pergunta ficou formulada em meu livro, embora não tenha sido respondida categoricamente. Talvez porque temesse a substituição do papel pelo suporte digital. Mas isso não aconteceu. Lembro agora de um precedente que havia me passado despercebido e que antecede a euforia digital: em Barcelona, a magnífica biblioteca do British Council, na rua Amigó, foi suprimida e substituída por fitas VHS nos anos 1980: considerou-se que as fitas teriam mais aceitação; não se previu sua obsolescência. Felizmente, os livros chegaram a uma das bibliotecas da Universidade de Barcelona e ainda estão lá. Em contrapartida, suponho que as fitas tenham sido eliminadas, e, depois, vieram os CDs e, agora, plataformas ou outros dispositivos tão sedutores quanto fugazes. De todos os suportes mencionados, o único que segue idêntico a si mesmo é o livro.

A segunda pergunta do meu trabalho vinculava a história da leitura à sua representação, usos e ambivalências na ficção. Essa preocupação não se entende sem uma breve nota pessoal. Este ensaio nasceu, como costuma acontecer, de um debate e de uma encomenda. Até os anos 1990, eu era uma freelancer barcelonesa extrauniversitária, embora já tivesse publicado *El espacio autobiográfico* [O espaço autobiográfico] (1991), um livro estritamente acadêmico, nascido, talvez, do meu hábito docente; hábito interrompido pelo exílio de 1975-1983. Percebe-se – agora consigo ver – que, desde a minha chegada à Espanha, em 1976, e até a década de 1990, ainda fora da universidade, esse hábito se manteve: continuei estudando como se estivesse dando aulas. O laço com a Argentina nunca se rompeu, embora eu vivesse em Barcelona e gostasse dos trabalhos editoriais; traduzia, escrevia pareceres para editoras, fazia resenhas, artigos, dava conferências.

Em Barcelona, no início dos anos 1990, foi criada a Societat d'Estudis Literaris, dirigida por Jordi Llovet. Em um ciclo denominado "Masculino/Feminino", apresentei uma comunicação: "Buenos libros, malas lectoras: la enfermedad moral de las mujeres en las novelas del siglo XIX" [Bons livros, más leitoras: a doença moral das mulheres nos romances do século XIX]; tomei, entre outras obras muito notáveis (*Madame Bovary*), *Clemencia*, de Fernán Caballero, e *O caso Dora*, de Sigmund Freud. No ano seguinte, a palestra se transformou em um artigo para a revista *Lectora*, editada pela Universidade de Barcelona. O artigo foi publicado em 1995, e eu incorporada à mesma instituição em 1996, graças à iniciativa de Jordi Llovet. Após vinte anos, voltei à universidade.

Dois anos depois, Marietta Gargatagli e eu publicamos uma antologia de textos sobre a tradução na Espanha e na América e a intitulamos *El tabaco que fumaba Plinio. Escenas de la traducción en España y América: relatos, leyes y reflexiones sobre los otros* [O tabaco que Plinio fumava. Cenas de tradução na Espanha e América: relatos, leis e reflexões sobre os outros].

Nesse título, apareceu pela primeira vez o termo "cena", que retomei como fio condutor na primeira edição deste livro, que hoje se traduz. A cena interrompe o relato, e todos os seus elementos – personagens, peripécias, força motriz da narrativa – se transformam em um ponto de convergência em que se chocam a experiência histórica e os desejos da ficção, suas reticências, suas contradições ideológicas.

Os "testemunhos tangíveis" do título – e das cenas – são os livros, como provas físicas "de uma convicção que se materializa por sua posse": Lucien Febvre e Henri-Jean Martin os descreveram assim em *O aparecimento do livro* (1958), e daí vem o meu título. O livro como suporte é, ao mesmo tempo, matéria e desejo.

Este ensaio foi, então, o resultado dessa pequena história: há livros, há história da leitura na História, há cenas de leitura na ficção e há um conceito instável, mas explícito ("literatura moderna"), que reorganiza historicamente as cenas de leitura escolhidas. Essas cenas condensam, às vezes extensamente (como em *Sylvie*, de Gérard de Nerval, ou em *Entre os atos*, de Virginia Woolf), às vezes de maneira súbita e intensa, em romances ou poemas (como em *Modesta Mignon*, de Balzac, ou em *O prelúdio*, de William Wordsworth), momentos em que ler ou evocar a leitura constitui, nesses textos, uma função construtiva, para dizê-lo no léxico dos formalistas.

Por isso, esse segundo núcleo era a história factual e demográfica da leitura e sua representação na ficção. No capítulo 1, "Nada de analfabetos! Demografia da alfabetização", detenho-me nos diversos processos de alfabetização no mundo ocidental. Considero que os dados e o desenvolvimento dessa longa entrada no mundo da leitura e da escrita, com suas flagrantes diferenças no acesso de homens e mulheres ao letrado – em todos os seus estratos –, formam o fundo histórico que permite compreender o motivo das fascinantes hipérboles que transformaram os escassos contingentes de mulheres leitoras em exércitos ameaçadores: na ficção do século XIX, *uma mulher que lê equivale a todas as mulheres lendo.*

Por isso, recolhi as prevenções habituais sobre o perigo da leitura em ou para as mulheres, durante esse lento processo de alfabetização universal, iniciado no Ocidente há cerca de dois séculos e meio. Assim, busquei responder à pergunta sobre a relação entre ficção e História por meio dessas cenas, que convertem uma experiência histórica em uma alegoria, isto é, em uma figura narrativa extensa. No geral, concentrei-me na representação das mulheres como *más leitoras*: leitoras equivocadas, leitoras astutas ou leitoras que se defendem do controle ou terminam exercendo-o. Adquirir poder é, sempre, um dos objetivos da leitura.

Também comentei outras alegorias, mais orientadas a *Bildung* tradicional, como em *O prelúdio*, de William Wordsworth; ou ao feroz impulso colonial, como em *Coração das trevas*, de Joseph Conrad, encerrado em uma exortação póstuma escrita por Kurtz ("Exterminar todos os selvagens!"), à qual raramente se presta atenção.

O terceiro núcleo do ensaio de 2001 é a reflexão sobre o próprio ato da leitura. Esse ato não possui, na realidade, uma natureza específica. É, ao mesmo tempo, uma atividade individual, um fato social e um dado demográfico, tanto do ponto de vista de quem foi e é seu agente quanto da perspectiva da prova histórica oferecida por números e censos; e também das variações e distorções da mimese literária.

Sustento, invocando Michel de Certeau, que a leitura é um exercício que resiste a entregar seu tempo à circulação imediata da mercadoria. A leitura é uma função livre do tempo da mercadoria, como um ínterim indefinível; é puramente relacional e se sustenta em uma materialidade que, por meio do ato de ler, desprende-se do suporte e promete transformar-se em conhecimento. A partir da fisiologia, coloca-se em movimento e atravessa os corpos – mãos, olhos, posturas – em ações diversas. Por meio desse vínculo imponderável entre o livro e o ato de *ler* o livro, instala-se, mesmo que por um instante, a possibilidade da imaginação. Essa possibilidade é, por si mesma, rica e, ao mesmo tempo, perigosa: imaginar não garante melhor compreensão, embora seja condição indispensável para que a compreensão se produza. A imaginação constrói subjetividades, propõe figuras do gênero e do corpo e amarra essas figuras às ideias predominantes nos discursos da cultura. Também garante que essas ideias possam ser refutadas.

E a ficção é o desdobramento da imaginação em suas múltiplas representações: como aparato do conhecimento, da simbolização e do engano, como instrumento ideológico, como artifício da cultura de massas e como resistência a ela.

Até aqui, revisei as perguntas que esbocei no meu ensaio de 2001 e os recursos de que me vali para desenvolvê-las. Esses recursos se baseavam no que poderia chamar de minha biografia leitora, uma mistura de apetites infantis e adolescentes, transformados, desde a primeira juventude, pelos instrumentos da crítica e da história. É um percurso que começa, na infância, pela posse momentânea do livro. Clarice Lispector disse certa vez que, na infância, lê-se livros, não autores nem gêneros. Dessa posse, passa-se para uma experiência que não cessa: a da crítica e da interpretação, e, mais tarde, a da organização de um saber que podemos chamar de história literária.

Nesta edição revisada e ampliada, simplifiquei o subtítulo. Retirei a alusão que, por meio do termo "paixão", sugeria que a literatura do século XIX, com as conhecidas exceções encabeçadas, entre outros, por Charles Baudelaire e Gustave Flaubert, inclinava-se, em geral, à exaltação dos novos públicos leitores, incluindo as mulheres. E suprimi o termo "extinção".

Não obstante, sou consciente de que, a partir do século XX, a desconfiança da alta literatura em relação aos novos contingentes de leitores se acentuou, de modo que a criação já não é motivo de veneração, mas de suspeita. A própria literatura desconfia de seus consumidores, busca selecioná-los, escolhê-los. Com o diagnóstico que pressupunha a "extinção", eu queria aludir à separação definitiva, no século XX, entre os diferentes públicos; separação e fragmentação que, de outra maneira, talvez tenham se acentuado no século XXI. Nessa proposta, sigo Raymond Williams, que, em 1969, ao analisar o surgimento do modernismo e das vanguardas, falou dos "caminhos que se dividem": de um lado, a alta cultura e, do outro, a cultura de massas, que subsumiu e neutralizou a cultura popular.

Na segunda edição, prefiro que o título descreva o eixo que sustenta o livro: a cena de leitura, que é a cena da aspiração ao saber ou do desejo de poder. Por isso, nesta edição, aparece Macabéa, a personagem de Clarice Lispector em *A hora da estrela*, como essa alma última que, por meio das palavras ouvidas no rádio, adivinha o mundo que não lhe foi concedido e quer capturá-lo: é o mundo da cultura e do conhecimento.

Cenário do arquivo

Resta, por fim, uma breve menção ao que ocorreu, no campo dos nossos estudos nesses 25 anos. De todos os movimentos teóricos e disciplinares do período posterior à publicação do meu trabalho, quero apenas aludir a um conceito que, em relação ao livro e à leitura, talvez agora se pretenda mais amplo: o de arquivo.

Para ser fiel à etimologia de "arquivo", remeterei à origem dessa linha conceitual. Não há dúvida de que procede de dois trabalhos de Jacques Derrida. São ambos conhecidos e amplamente comentados. Em 1966, Derrida desenvolveu a metáfora do lugar da memória e do esquecimento, em relação à pulsão de morte, em "Freud ou a cena da escritura". Em 1995, publicou *Mal de arquivo: uma impressão freudiana*, que, depois de *Espectros de Marx: o estado da dívida, o trabalho do luto e a nova internacional* (1993), abriu um debate sobre a natureza letal da conservação do passado como totalidade na filosofia política e no pensamento crítico. Esse debate não apenas se instaurou, mas teve efeitos contundentes sobre práticas específicas de leitura: aquelas ligadas aos modos de classificação do que é lido. Do que, em resumo, em seu imenso fluxo, abriga, por meio da figura do bloco mágico descrita por Freud, o que é lembrado e o que é suprimido na cultura.

Por isso, surge agora, como um novo problema, o cenário do arquivo: não se vive da mesma maneira o que já não se arquiva da mesma maneira, diz Derrida (2001, p. 30), insistindo que não devemos fechar os olhos diante da "revolução sem limites da técnica arquivística atual".

Havia algo inovador em *Mal de arquivo: uma impressão freudiana*, algo que o torna um texto imprescindível para refletir sobre a tarefa da crítica e da história. Mostra um estranho caráter duplo. Possui, por um lado, um tom devocional no modo como retorna a Freud, um Freud que Derrida não abandona, quase se agarra a ele: como se fosse possível existir uma filologia freudiana que resistisse, em sua práxis, à "revolução sem limites da técnica arquivística atual". Por outro lado, há nele um tom de alerta. Pois enfatiza que a técnica – não apenas a arquivística, mas a técnica *tout court* – une a pulsão de morte – sustentação inescapável da memória e do esquecimento – ao "mal radical", esse sintagma que Derrida lança diante de nós nesse texto. Sintagma que, pelo mero efeito persuasivo de uma escrita de eficácia devastadora, nos confronta com o desafio moral que o saber enfrenta diante da técnica. Por isso, o texto se dirige à práxis dos historiadores, dos estudiosos da cultura, dos monumentos da História e seus registros, sejam arquivos, bibliotecas, sistemas de classificação ou gestão de nomenclaturas.

Não sei se foi um efeito de *Mal de arquivo: uma impressão freudiana*, mas leio, à luz de Derrida, a reflexão tão clara quanto convidativa de Roger Chartier em *A história ou a leitura do tempo* (2009, p. 40), voltada para os desafios de um presente que ele reivindica como "responsabilidade principal dos historiadores para com seus contemporâneos". Nessas poucas páginas, Chartier desdobra o que poderia ser chamado de sua própria biblioteca de leitor dos mestres do ofício. Os nomes evocados são imprescindíveis. De fato, a conferência poderia servir de base para qualquer programa de estudo sobre a leitura como prática e representação: de Fernand Braudel, Marc Bloch e Paul Ricoeur a Carlo Ginzburg, passando por Michel Foucault, Michel de Certeau, Hayden White ou Jacques Derrida, até Joyce Appleby, Lynn Hunt e Margaret Jacob.

É interessante o lugar que ele atribui, nessa série, a Derrida. Chartier observa que a abordagem desconstrutivista, em *Gramatologia*, apesar de insistir na materialidade da escrita e nas diferentes maneiras de inscrição da linguagem, inclina-se para conceitos de total abstração, o que afastaria essa perspectiva de qualquer trabalho empírico, seja qual for sua natureza.

No entanto, quando a conferência de Chartier foi publicada, Derrida já havia lançado *Mal de arquivo: uma impressão freudiana*, um texto que impulsionou uma atividade prática sensível e notória justamente naquelas áreas onde a abstração conceitual raramente chega. Este livro provocou a necessidade de interrogar e revisar o trabalho do arquivo, sua existência material direta. Ao partir do texto como noção teórica fixa, baseada em leituras intrínsecas e imanentes, como as operadas pelo próprio Freud, Derrida exige atos que, nas palavras do próprio Chartier, supõem "transações entre as obras e o mundo social". Contudo, Chartier não menciona essa obra em particular.

Entretanto, as "transações" que o texto de Derrida exige colocam sob suspeita, reconfiguração e revisão aquilo que antes servia como garantia da leitura, ou seja, o próprio objeto da reflexão de Chartier. Nos últimos anos, é o depósito e suas classificações que estão sob suspeita; é o lugar onde se alojam os sujeitos, os gêneros, as categorias e os objetos da representação na leitura.

Não é minha tarefa nem minha ambição deter-me nesse cenário, embora eu saiba que as formas de leitura que se instauraram no final do século XX, e que se praticam no XXI, exigem um olhar atento sobre os cenários do arquivo. E exigem que isso seja feito com a mesma perícia e o mesmo empenho no escrutínio de qualquer outra leitura, já que ambos – perícia e empenho de escrutínio – são as ferramentas essenciais para interpretar e agir na esfera pública.

Barcelona, setembro de 2024.

Referências

CHARTIER, Roger. *A história ou a leitura do tempo*. Trad.: Cristina Antunes. Belo Horizonte: Autêntica, 2009.

DERRIDA, Jacques. *Mal de arquivo*: uma impressão freudiana. Trad.: Claudia de Moraes Rego. Rio de Janeiro: Relume Dumará, 2001.

FEBVRE, Lucien; MARTIN, Henry-Jean. *O aparecimento do livro*. Trad.: Fulvia M. L. Moretto e Guacira Marcondes Machado. São Paulo: Edusp, 2017.

WILLIAMS, Raymond. *Solos en la ciudad*: la novela inglesa de Dickens a D. H. Lawrence. Trad.: Nora Catelli. Barcelona: Debate, 2007.

Para o clã de Barcelona

Um livro só talvez nunca tenha convencido ninguém. Mas se ele não convence, o livro é em todo caso a prova tangível da convicção, que ele materializa por sua posse.

Lucien Febvre e Henri-Jean Martin, *O aparecimento do livro*

Surgiu, em abril de 1992, em *Punto de Vista*, uma revista imprescindível que é editada em Buenos Aires há mais de vinte anos, um artigo de María Teresa Gramuglio sobre *After the Great Divide* (1986), uma coletânea de ensaios do crítico Andreas Huyssen. Nesse artigo, Gramuglio discutia o papel que Huyssen atribuía a Emma Bovary como leitora exclusivamente de folhetins; enumerava as diversas formas de contato da protagonista de Flaubert com a letra impressa e concluía:

> O capítulo VI, cujo tema central são as leituras de Emma, é algo como um equivalente ao escrutínio minucioso que o padre e o barbeiro fizeram na biblioteca de Dom Quixote. Mas o narrador de Flaubert não assume o papel desses dois ilustres censores, que tentavam separar o joio do trigo no abarrotado depósito dos romances de cavalaria. E o que metaforicamente se lança à fogueira não é apenas a literatura inferior, mas todo o romantismo literário. Assim indicam os nomes de livros e autores mencionados no capítulo (*Paulo e Virgínia*, *O gênio do cristianismo*, Walter Scott, Lamartine) e as alusões que os leitores da literatura romântica podiam identificar com bastante facilidade: Byron, o romance histórico, Hugo, Rousseau etc. (Gramuglio, 1992, p. 27)

María Teresa Gramuglio insistia, com razão, que Emma Bovary não consumia exclusivamente folhetins, mas sim um conjunto de textos muito mais complexo; dessa forma, tornava-se ainda mais problemática a tentativa de definir os tipos e as hierarquias de leitura do século XIX. E, sobretudo, tornava-se impossível separar as leituras femininas de um lado e as masculinas do outro. Segui esse argumento de Gramuglio em um trabalho anterior e, até certo ponto, continuo aqui a linha que ela havia esboçado em 1992. Não só registro isso para expressar meu agradecimento, mas porque o diálogo que essa troca de argumentos supõe tem muito a ver com nossa história pessoal e coletiva dos últimos 25 anos.

Este trabalho pretende dar continuidade a esse diálogo, percorrendo diversos fragmentos de obras narrativas dos séculos XIX e XX em que se representam cenas de leitura. Esse, no entanto, não é o único percurso possível. Onde aparece Fielding, poderia estar Richardson; onde aparece Wordsworth, Coleridge ou Byron; onde está Balzac, Stendhal ou Jane Austen; onde está Fernán Caballero ou José Mármol, Jorge Isaacs; onde aparece Clarín, poderia aparecer Benito Pérez Galdós ou Emilia Pardo Bazán; onde aparece Flaubert ou Charlotte Brontë, Dickens; onde está Nathaniel Hawthorne e George Eliot, George Meredith ou Willa Cather; onde aparece Zola, Dostoiévski ou Oscar Wilde; onde está Joseph Conrad, Henry James; onde está Virginia Woolf, James Joyce ou Proust; onde aparece Juan Benet, Alain Robbe-Grillet. Existe apenas um caso que não admite substituição: onde está Freud, só pode estar Freud. O *caso Dora* possui características singulares, pois se constrói fora do campo da invenção literária e se projeta sobre ele como teoria e ferramenta hermenêutica incontornável; apesar dessa peculiaridade evidente, não sou a primeira a utilizá-lo como se fosse uma *nouvelle*.

Citar, comentar e interpretar os textos é algo que acontece aqui simultaneamente; na minha opinião, a crítica consiste nessa coincidência. Pelo menos, a crítica tal como foi precisamente definida por Roland Barthes (*O que é a crítica?*, 1966): como um movimento de atração dos textos do passado para aquilo que é inteligível em nosso tempo. Nesse movimento, não apenas o percurso é intercambiável, mas também as escolhas dos fragmentos são parciais e sempre orientadas para a representação da experiência da leitura e para as consequências que podem ser extraídas de suas transformações.

As primeiras consequências desse processo estão relacionadas a uma espécie de variante sociológica, que desenvolvo na introdução e na primeira parte: a narrativa do século XIX se constrói sobre a representação dos leitores e da leitura. A partir dessa representação obsessiva, deduzo a importância do imaginário profético da mulher leitora, de Balzac a Freud.

A consequência seguinte, exposta na segunda parte, é estética: se o imaginário da mulher leitora foi tão central no século XIX e se, por fim, as mulheres leitoras se apropriaram, figurativamente, de todos os mecanismos de acesso aos livros, essa apropriação massiva – como metáfora da alfabetização universal – teria alguma relação com a progressiva satanização dos efeitos da leitura em certos narradores do século XX, como Conrad, Woolf ou Benet?

A terceira consequência é histórica. Não é novidade definir a experiência estética como pura negatividade, como uma fronteira que circunda um vazio; o que é novo é a necessidade de vincular essa negatividade à possível desaparição do livro. Acredito que, sem saber, certos narradores da primeira metade do século XX escreveram como se a instituição literária estivesse condenada à aniquilação. Nós, no entanto, lemos já sabendo que não apenas a instituição literária, mas também os livros podem desaparecer. Talvez os textos narrativos contemporâneos proponham outras experiências estéticas, outras formas que já não tenham nenhuma relação com o romance como gênero e com o livro como suporte.

Os recursos bibliográficos listam apenas os livros mencionados e utilizados, e não a extraordinária e oceânica vastidão que circunda, magnífica e impossível de ser abordada em sua totalidade, cada uma das obras aqui citadas ou comentadas.

Barcelona, abril de 2001.

Nada de analfabetos! Demografia da alfabetização

> *"Viva Diderot!", foi o que berraram, e depois "Bravo Voltaire!". Pelo menos esses aí eram filósofos! E viva também Carnot, que organiza tão bem as vitórias! E viva todo mundo! Esses aí pelo menos são uns sujeitos que não deixam o bom povo morrer na ignorância e no fetichismo! Mostram-lhe as estradas da Liberdade! Emancipam-no! A coisa não demora muito! Primeiro, que todos saibam ler os jornais! É a salvação! Deus do céu! E depressa! Nada de analfabetos! Não precisamos mais deles! Apenas soldados cidadãos! Que votam! Que leem!*
> Louis-Ferdinand Céline, *Viagem ao fim da noite*

Este livro reúne representações da leitura dentro da ficção dos últimos dois séculos. Com elas, pretende ilustrar um percurso que acompanha o curso da modernidade: da veneração pelos livros à sua mera nostalgia. Essas figuras são facilmente reconhecíveis em romances, contos e ensaios ao longo desse período: representações exaltadas, patéticas, horrorizadas, *kitsch* ou sublimes dos efeitos da familiaridade com a letra impressa.

Na narrativa do século XIX, a celebração da leitura é central; no início do século XX, essa exaltação cede lugar, primeiro, à satanização explícita e, depois, ao rareamento e até ao desaparecimento de seus sinais e emblemas. Esse desenvolvimento é geralmente entendido como um processo em miniatura da crise geral da representação no romance: os mundos completos e individualizados da narrativa realista transformam-se nos artefatos autorreflexivos ou deliberadamente caóticos das primeiras décadas do século XX. No entanto, esse fenômeno pode ser interpretado de maneira inversa: a mudança na percepção da leitura seria uma das causas da crise, mais do que sua consequência. Imaginar um mundo possível em que todos lessem – sonho ou pesadelo da alfabetização universal – fez com que as representações dessa prática deixassem de ser signos de prestígio para se tornarem opressivos lembretes de que nem mesmo lendo o indivíduo poderia se preservar das areias movediças da massa democrática que tudo engole.

Ao longo do século XX, as cenas de leitura foram se deslocando e tornando-se problemáticas ou difíceis de identificar. No início, entre 1900 e 1920, percebe-se a opacidade, a progressiva fragilidade do valor dos livros dentro dos relatos, embora ainda possam ser reconhecidos como pontos-chave da ação e indicadores relevantes na construção de personagens e conflitos. Mais tarde, essas cenas se transformam, gradualmente, em um mecanismo interno dos próprios textos, tornando-se um recurso de produção textual mais do que de representação narrativa. Agora, esgotadas as possibilidades formais e expressivas desses mecanismos, assistimos à organização acadêmica da nostalgia em duas vertentes principais: a história do livro, de um lado; o lamento pelos clássicos, de outro.

I

Ao longo do século XIX, a sensibilidade moderna foi educada por romances e contos que devolviam aos leitores imagens satisfatórias – nítidas, enfáticas – dos efeitos da educação pelos livros; essa devolução se manifestava na variadíssima representação da leitura, um ato privado e, ao mesmo tempo, socialmente valioso.

Eram as imagens do futuro para os novos espíritos do século: mulheres, burgueses, viajantes, trabalhadores, políticos. Quase imediatamente, essas imagens começaram a adquirir um caráter ameaçador e passaram a ser condenadas, às vezes explicitamente, por sua dimensão massificadora. Esses novos espíritos, formados pela leitura e graças a ela, começaram a perceber que a educação trazia consigo o perigo de sua multiplicação em larga escala. Enraizou-se a ideia de que o acesso cada vez mais amplo aos livros representava o risco de fusão do indivíduo com a multidão. Apesar da força persuasiva dessa visão sombria – cuja formulação teórica mais sólida foi elaborada por Walter Benjamin –, a representação e a evocação da leitura conservaram, quase até o final do século XIX, seu dinamismo e sua potência política: em grandes obras, folhetins, narrativas góticas, textos de ficção científica ou contos edificantes.

No século XX, essa força e potência desaparecem progressivamente. Da celebração irrestrita, passa-se à dúvida sobre o valor individual e social da leitura. Quando a massificação se concretiza, em meados do século, algo diferente começa a ser exaltado: a posse do suporte. Já não se enaltece o valor do acesso intelectual aos livros, mas sim a sua existência física. O livro se torna um objeto precioso, acariciado com a melancolia de uma época que reconhece a ameaça de sua perda antes mesmo que ela aconteça. Talvez por isso grande parte da crítica contemporânea adote a máscara de uma espécie de bibliofilia espiritual, confundindo o prazer da compreensão e a exigência do cânone com o livro como sede de um legado divino. O que importa já não é a atividade de ler, algo ao alcance de todos, mas sim a posse espiritual do suporte autêntico que possibilitou essa atividade, algo que se presume acessível apenas a poucos.

À celebração da leitura seguiu-se, assim, a crise de sua representação, coroada, nos últimos cinquenta anos do século XX, pelo enraizamento no estudo do objeto. Não é por acaso que a história do livro, como disciplina, tenha surgido paralelamente à consciência da possível extinção física desse objeto. O processo parece análogo ao anterior: na narrativa do século XIX, a *representação* da leitura constituía uma função construtiva, enquanto, no século XX, o cerne é sua *apresentação* – não sua *representação* – como possibilidade (ou impossibilidade) ontológica. Por fim, esgotada a eficácia da função construtiva do século XIX e questionada a reflexão literária que lhe sucedeu no século XX, agora passa-se a escrever a história do livro.

Para dizer de outro modo: uma infinidade de relatos explora cenas de uso, empréstimo ou presente de livros, de bibliotecas circulantes, de personagens ou narradores que citam autores para revelar sua natureza mais secreta ou sua identidade, que recitam poemas, reconhecem estilos, excedem-se na arte da citação, ostentam conhecimentos parciais ou rivalizam na lembrança de um verso preferido do poeta amado, de uma canção popular, de um sermão ou de um panfleto. Abundam também cenas de posse e circulação de livros; descrevem-se bibliotecas privadas e públicas, organizam-se arquivos, tornam-se explícitos juízos estéticos, afinidades e rejeições em relação à leitura, que, nesses relatos, constitui um dos pilares da construção e do desenvolvimento do sujeito moderno e de sua representação.

Em 1774, o *Werther* de Goethe marca o início dessa série, ao reescrever, na relação entre Werther e Carlota, a cena da leitura compartilhada e evocada por Paolo e Francesca no primeiro círculo do inferno de Dante. Pouco mais de cem anos depois, em *Bouvard e Pécuchet*, Flaubert abandona o tratamento da paixão amorosa – consequência da leitura – em Dante, em Goethe e no seu romance *Madame Bovary*, para compor um repertório exaustivo de suas afecções modernas: demência, absurdo, uma equivocada e maléfica capacidade de gerar e multiplicar estupidez. Além disso, no intervalo entre *Werther* e os copistas imaginados por Flaubert, não apenas os emblemas livrescos se transformam, mas também seus usos. A idealização dos sentimentos lidos no espelho dos livros começa a ceder lugar à constatação horrorizada do estereótipo produzido por esse mesmo espelho.

É evidente que a convicção de que a leitura é uma doença não se origina na modernidade, pois, do episódio dantesco de Paolo e Francesca, que Goethe transporta para *Werther*, e do recurso cervantino que Flaubert emprega em seus personagens, herdamos os dois modelos ainda vigentes dessa patologia.[1] Ambas são doenças próprias da leitura profana: a primeira enfatiza o vínculo entre leitura e aprendizado erótico; a segunda, a confusão livresca entre as aventuras da fantasia e a servidão da realidade. O primeiro modelo evidencia a relação entre

1 Juan José Saer (1999, p. 38) desenha o itinerário de Dom Quixote em relação aos livros em *"Líneas del Quijote", la narración-objeto* ["Linhas do Quixote", a narração objeto].

a familiaridade com a letra escrita e o amor cortês, encontrando nela seu espelho do amor; já o segundo vincula-se à entrega ao mundo seguindo o rastro da palavra impressa: o romance de cavalaria.

Houve outros modelos, em âmbitos cruciais da experiência religiosa e do poder político, tão ou mais poderosos que as leituras de Paolo e Francesca e as de *Dom Quixote*. Entre o final do século XVIII e o início do XIX, no entanto, a secularização privilegiou esses dois modelos até convertê-los em sinais inequívocos da modernidade. A leitura profana substituiu a interpretação religiosa dos textos, apropriou-se do poder que esta possuía e, a partir daí, experimentou uma aceleração em seu enraizamento, expansão e idealização.

A educação dos sentimentos – *Werther* – e a formação do caráter para a ação e a imaginação – *Quixote* – foram, assim, tornando-se os modelos mais poderosos de leitura para a ficção romanesca, à medida que esta se transformava, ao longo do século XIX, no paradigma da educação mundana das almas.

A essa evolução se deve a força inédita com que se enraizou a certeza do vínculo entre leitura e progresso individual e social. E, posteriormente, o foco nos efeitos perniciosos da massificação desse hábito.

Inédito é também o caráter definidor – e definitivo – que a representação da leitura assume dentro da ficção, independentemente dos distintos programas estéticos de cada período. Não apenas na grande tradição realista, mas também em outras vertentes narrativas do século XIX, a leitura constitui uma função construtiva: seja no *romance* anglo-saxão, na novela romântica ou nos relatos crepusculares do decadentismo.

Por fim, inicia-se a inquietante deriva que coroa esse processo: sua hoje proclamada decadência. Se, no século XIX, a representação da leitura implica, primeiro, a celebração do conhecimento amoroso e do domínio do mundo e, depois, sua relativização flaubertiana, no século XX, essa relativização se transforma em crise. Nas primeiras décadas do século, com a construção gradual de discursos narrativos não miméticos, esvai-se o caráter aglutinador e positivo dessas representações. Porém, embora já não seja um objeto reconhecível, a atividade continua a ser o próprio motor da crise do modelo: os grandes textos narrativos da virada do século contam, repetidamente, o que acontece quando a leitura já não é representada no relato, mas sim escrita em suas margens – como se verá em Joseph Conrad – ou até mesmo parodiada.

No entanto, as representações que sofrem essa transformação – de rarefação, de erosão – dentro da grande literatura não desaparecem. Em vez disso, deslocam-se para certos subgêneros, como a ficção científica e a ficção especulativa: por exemplo, *Fahrenheit 451* (1953), de Ray Bradbury.

Não é por acaso, então, que dentro da literatura popular contemporânea ocorra o lamento pela leitura: Bradbury utiliza de forma eficaz a alegoria do fogo, que transforma a instituição da alta literatura em um fetiche consumido pelas chamas, quando os títulos da grande tradição ardem nas fogueiras totalitárias de sua distopia.

Esse lamento não é apenas um *kitsch*, mas um sintoma. Revela uma mudança significativa na forma como a tradição clássica se encerra dentro da sensibilidade ocidental e como ela é percebida na imaginação popular. Indica que o objetivo da alfabetização universal, ao menos como imaginário, foi alcançado. A fogueira é um símbolo eficaz porque a tragédia dos livros queimados em um mundo de poder absoluto é algo compreensível para todos, independentemente de quantos os tenham lido e de quem sejam seus leitores. Para que sua mensagem alcance plenamente o público, o romance de Bradbury precisa pressupor a universalidade da leitura como prática e como valor social compartilhado: não se trata das fogueiras nazistas queimando os livros de Freud em Berlim ou Viena, nem das fogueiras dos fundamentalistas cristãos reduzindo *A origem das espécies*, de Darwin, a cinzas nos anos 1930 nos Estados Unidos, mas da fogueira do cânone: uma norma que todos compartilham e valorizam.

Raymond Williams argumenta que a cisão entre literatura popular e literatura minoritária ou de elite é uma limitação característica da cultura do século XX e que isso levou à sua completa separação da imaginação popular, cuja subliteratura passou a assumir, por assim dizer, os sonhos e projetos de futuro. Nos textos literários "sérios", a preocupação pelo porvir – revolução, artefato ou máquina – desapareceu e, desde o início do século XX, migrou para a ficção científica. Por exemplo, Williams sustenta que, entre os romances de Henry James e os de H. G. Wells já não há pontos de contato do ponto de vista do público. Em James, a medida do humano e a medida da literatura só são concebíveis dentro da exigência extrema da forma artística, enquanto H. G. Wells, ao contrário, transforma os refinados procedimentos da narrativa tradicional do século XIX em algo que passa a ser visto, no começo do século XX, como extrínseco à literatura. Assim, ele pode continuar imaginando "mundos em transformação e utopias completas" (Williams, 1998, p. 152) para consumo popular. Para Williams, a narrativa da segunda metade do século XX se bifurcou de modo definitivo e dramático. O movimento de extrema sofisticação da alta literatura resultou, paralelamente, na evocação dos "grandes temas" na literatura popular: entre eles, o horror latente da extinção da leitura, como captado por Bradbury.

Acredito que essa bifurcação inegável tenha favorecido a crise formal e conceitual da representação da leitura que sustentava o romance do século XIX e que, por isso, cabe à literatura popular a tarefa de representar as figuras dos livros e dos leitores do futuro: nos gêneros de consumo massivo, está presente tanto a profecia do futuro, que remonta aos romances de Wells, quanto a elaboração de Bradbury, que imagina o fim da cultura por meio da imaginação técnica.

II

Para compreender esse movimento, temos de voltar no tempo. Desde o final do século XVIII e durante todo o século XIX, os romances reúnem um repertório completo das coisas que acontecem quando se lê, se traduz, se recita uma poesia decorada ou se recorda um fragmento filosófico. Lemos para nos tornarmos poetas, para amar, para prosperar, para morrer melhor. Somente aos leitores o mundo é oferecido ou negado. Alguns títulos vêm imediatamente à mente: *Werther* ou *Madame Bovary* são os exemplos mais evidentes. Mas até os personagens enigmáticos de Gérard de Nerval leem e se transformam conforme o que leem: *Sylvie*, verdadeiro emblema da mitologia esotérica do simbolismo, habitualmente apresentada como o auge do ideal romântico, tem como protagonista uma consumidora de cultura que se modifica de acordo com as mudanças de gosto na poesia, na música e até na decoração: não é o amor, e sim a letra impressa que governa a vida de Sylvie.

Os personagens do século XIX sempre se definem, leiam ou não, em relação aos livros; os do século XX são seus sobreviventes. Antes, acreditava-se que a leitura salvava o indivíduo, agora, acredita-se que a acumulação institucional salvará a leitura; por isso, nossa obsessão atual é a biblioteca, sua conservação ou sua destruição. O grande código de Northrop Frye, o cânone de Harold Bloom, a reivindicação do sagrado na leitura sem intermediários – sem literatura secundária – de George Steiner, a biblioteca de Borges descrita por Umberto Eco, são formas de acumulação institucional para a salvaguarda dos livros. No entanto, a acumulação institucional carrega um perigo: não apenas preserva o sublime, mas também abriga o abjeto. Mas o que é o abjeto? É o fato de que essa mesma ênfase na acumulação facilite o acesso massivo à informação, a multiplicação das entradas no sistema informático ou na enciclopédia. Essa multiplicação, por sua própria existência, significa a aniquilação da leitura como busca individual e distintiva. Assim, a evocação atual do clássico envolve o risco de seu definitivo colapso, pois nossos critérios para estabelecer hierarquias estéticas e históricas são incompatíveis com os novos suportes de leitura: em sua própria existência material, o livro constitui uma hierarquia, enquanto os novos suportes existem na medida em que a suprimem.

Este trabalho se propõe a mapear e comentar algumas figuras desse processo – no século XIX, de expansão; no século XX, de enrarecimento e extinção.

III

Nas cenas em que essas representações se desdobram costuma haver atores. Nas cenas de leitura há, muitas vezes, homens; há sempre mulheres. A onipresença feminina gerou algo surpreendente: a ficção do século XIX apresenta como fato – *todos e todas liam* – aquilo que a História desmente: muito poucos homens liam e, certamente, pouquíssimas mulheres.

A abundância dessas representações poderia sugerir um estado paralelo de alfabetização na realidade histórica. Mas não é o caso. A ficção do século XIX proclama como fato o que era apenas um desejo ou um temor. As cenas ligadas a essa prática – possuir livros, opinar sobre eles, definir-se com base em sua compreensão, apreciação ou rejeição – são tão numerosas no século XIX que sua própria abundância as transformou, muitas vezes, em persuasivas provas documentais; mas, na realidade, não são provas. São, ao contrário, profecias, advertências, ameaças ou promessas de felicidade individual.

Elas antecipam a alfabetização, anunciam-na e, muitas vezes, também proclamam seus riscos. Não apenas o "bovarysmo", sua consequência mais conhecida. A leitura também teve um papel decisivo nas adesões à revolução, no interesse pela política, nas diversas expressões de rebeldia e até na invasão, por mulheres, burgueses e trabalhadores, de âmbitos da vida social antes proibidos a eles.

Por que a abundância de cenas de leitura no romance do século XIX não é realista, mas profética? É evidente que, entre os séculos XVIII e XIX, houve um salto espetacular na alfabetização no mundo ocidental, com a taxa de pessoas capazes de escrever o próprio nome, nos primeiros trinta anos do século XIX, de menos de 5% para 10% ou 15% da população. No entanto, não está tão claro que o público leitor tenha crescido na mesma medida sugerida pelos personagens e situações dos romances, tampouco é evidente o papel – e, sobretudo, o número – das mulheres leitoras.

Não são apenas os demógrafos que ficam perplexos diante da insistência de romancistas e críticos no papel crucial dessa prática para os novos atores do século XIX. Os historiadores também se perguntam sobre a razão desse curioso descompasso entre a precariedade dos dados reais e a insistência massiva em sua representação na ficção.

Para compreender o descompasso entre História e ficção é preciso observar os dados sobre a alfabetização universal, por exemplo, os reunidos e apresentados por Henri-Jean Martin (1999). Entre 1787 e 1795, 77% dos habitantes da Nova Inglaterra eram capazes de assinar seus testamentos; esse número, surpreendentemente elevado, superava o das regiões mais avançadas da Europa no mesmo período.

Entre 1786 e 1790, nas regiões setentrionais da França, 70% dos homens e 44% das mulheres eram capazes de escrever seus nomes. Esses números eram superiores aos da Escócia, Inglaterra ou Países Baixos no mesmo período: entre 60 e 65% dos homens e 37 e 42% das mulheres. Por outro lado, o sul da França ainda estava atrasado: 27 e 12%, respectivamente, para cada sexo. Apesar de as pesquisas ainda serem fragmentárias, Martin destaca que nos demais países da Europa os índices eram consideravelmente mais baixos; além disso, há consenso de que, nesse mesmo período, a Espanha e a Itália acumulavam um grande atraso nos índices de alfabetização e, em algumas regiões, chegaram a retroceder.

Na metade do século XIX, a Suécia liderava os índices de alfabetização: com apenas 10% de analfabetos no total; a Prússia e a Escócia vinham em seguida, com 20%, enquanto os demais países do norte europeu tinham entre 30 e 40%; se levarmos em conta a diferença constante entre homens e mulheres, as mulheres estavam atrás dos homens. Na sequência, estavam a Inglaterra e o País de Gales, que mantinham, desde o início do século, entre 30 e 45% de analfabetos, seguidos da França, com 40%; do Império Austro-Húngaro, com índices entre 40 e 45%; e, mais atrás, com números significativamente mais altos, estavam a Espanha, com 75%, e a Itália, com 80%. A Rússia, por volta de 1850, registrava entre 90 e 95% de analfabetos. Em todos esses casos, a diferença entre homens e mulheres variava entre 12 e 20% a favor dos homens.

É necessário insistir em uma observação de Martin e de outros historiadores do livro e da leitura: nessa época, em qualquer um dos países mencionados, o acesso à leitura não implicava acesso à escrita, que permanecia reservada somente a uma elite reduzida, uma vez que os graus de domínio da escrita eram notáveis e diferenciados: desde apenas desenhar o próprio nome até a habilidade de escrever frases ou períodos complexos, passava-se por diversos estágios, como reconhecer números e letras, formar palavras, ser capaz de seguir um parágrafo ou reproduzi-lo oralmente por meio de paráfrases equivalentes no léxico e argumento.

Por volta de 1900, opera-se, sempre com marcadas diferenças percentuais em cada região, a mudança da qual nós, homens e mulheres do século XX, somos produto: a leitura passa a ser ensinada juntamente com a escrita, e já se pode presumir que toda criança que tenha frequentado a escola saiba ler um texto e, além disso, manusear uma pena para escrever ao menos algumas palavras e, provavelmente, formar uma frase. Os estágios distintos de alfabetização começam a se tornar mais homogêneos.

Os dados da Espanha confirmam, ainda que com certo atraso, a tendência e os números gerais apresentados por Martin. Em 1860, já se contabilizavam oficialmente 3.129.992 espanhóis que sabiam ler e escrever, representando 20% da população total. Por volta de 1920, 46% da população estava alfabetizada. A progressão foi lenta até 1877 – a um ritmo de 55 mil novos alfabetizados por ano –, mas acelerou depois; em 1900, a massa de alfabetizados sobe para 93 ou 94 mil por ano. A partir de 1900, com a grande mudança no ensino, que, pela primeira vez, passou a associar o aprendizado da leitura ao da escrita, a alfabetização voltou a acelerar: entre 1900 e 1910, 149 mil por ano, e, após 1910, ultrapassou 218 mil por ano. Entre 1869 e 1920, a população alfabetizada espanhola aumentou em 200%, enquanto a população total cresceu somente 36%.

A situação espanhola é de inferioridade permanente em relação aos demais países europeus. De modo geral, os dados dos historiadores se confirmam entre si, exceto na comparação entre Espanha e

Itália, pois alguns a posicionam abaixo da Espanha, enquanto outros a colocam acima. A conclusão, no entanto, é bastante clara: até 1880, a Espanha, com seus 25% de alfabetizados, está atrás da Bélgica (56%), da Áustria (49%) e até da Itália (30,7%). Mas, ainda assim, encontrava-se à frente do Brasil, que registrava uma taxa de alfabetização de apenas 15%. Vinte anos depois, a Espanha está no nível de Portugal, atrás dos Estados Unidos, da França e da Itália.

Outro exemplo, desta vez americano: na Argentina, de acordo com o Censo Nacional de 1869, foram contabilizados 1.736.923 habitantes, dos quais mais de um milhão eram analfabetos, número que deve ser considerado em relação à população em idade escolar, resultando em uma porcentagem de alfabetizados ligeiramente superior à do Brasil. Apesar desses números desanimadores, o caso argentino é singular: graças às leis fundamentais de obrigatoriedade do ensino básico, a taxa de analfabetismo diminuiria drasticamente entre 1900 e 1910, mesmo com o fato de que dois terços dos imigrantes europeus que chegaram ao país entre 1870 e 1900 eram analfabetos. Não por acaso, em 1874, um relatório oficial sobre o uso das bibliotecas públicas argentinas ainda dividia os leitores entre aqueles que sabiam ler e aqueles que iam para ouvir a leitura (Tedesco, 1993, p. 115).

No que diz respeito à alfabetização das mulheres, peça central do imaginário da leitura nos romances do século XIX, os números, como vimos, são sempre surpreendentemente baixos. Se voltarmos a analisar a Espanha, em 1860, as mulheres representavam apenas 22% do total de alfabetizados (mais de 3 milhões): cerca de setecentas mil mulheres contra 2,5 milhões de homens. Em 1920, as mulheres já constituíam 45% dos alfabetizados na península. Apesar do progresso, ainda nesse ano, havia uma diferença muito chamativa, de 12 pontos, entre a porcentagem de homens (52%) e mulheres (40%) alfabetizados. Com uma diferença marcante: dentro do espectro dos diversos níveis de leitura e escrita, as mulheres permaneciam confinadas aos estágios inferiores de compreensão do escrito, o que se comprova ao observar os números do ensino secundário. O total de alunos matriculados no ensino secundário na Espanha era inferior a 29 mil no ano letivo de 1867-1868; em 1877-1878, o número havia aumentado em apenas 5 mil. Entre 1900-1910, chegou a 37.070, incluindo nessa quantidade os alunos que também exerciam a função de professores; o ritmo de crescimento dessa última categoria diminuiu no final do século, em comparação com os anos 1868-1878. Pode-se dizer que, por volta de 1910, menos de 2% dos jovens entre 12 e 17 anos haviam acessado o ensino secundário. Dentro desses 2%, onde estão as mulheres, as jovens, as adolescentes? Quantas meninas chegaram ao ensino secundário nesse período? Trezentas e trinta e quatro mulheres em toda a península, contra 37 mil homens; dessas 334 mulheres, 223 frequentavam escolas privadas. É necessário repetir: 334 mulheres.

O número de mulheres diminui ainda mais quando se trata do ensino universitário. Em 1888-1889, havia 15.787 estudantes (rapazes), dos quais 56% cursavam Direito, 23% Medicina, 5% Ciências e 4,5% Letras. Em 1909-1910, havia 15.756 estudantes, demonstrando que a situação praticamente não havia mudado. Mas, pela primeira vez, foram registradas 21 mulheres universitárias, conforme especifica a estatística.

Essas menos de quinhentas mulheres letradas (as trezentas e poucas do ensino secundário e as 21 universitárias) pareciam possuir uma capacidade de multiplicação assombrosa. O mero vislumbre de sua presença gerou uma onda de advertências nos pasquins e nos panfletos religiosos, observações horrorizadas de intelectuais e autores, e até obrigou as próprias escritoras a continuar praticando complexas estratégias de obtenção de aceitação, semelhantes àquelas que suas antecessoras clássicas gostavam tanto.

Insisto nos números da Espanha, especialmente pobres em comparação aos da Europa e situados em um nível intermediário em relação aos da América do Sul. Em sua dramática precariedade, eles amplificam a tendência ocidental geral da primeira metade do século XIX e a estendem, de forma atenuada, durante a primeira metade do século XX – perpetuando-se, ao que parece, nos países menos desenvolvidos da Europa e da América Latina.

IV

De toda forma, onde estavam os leitores? Eles eram recrutados entre os diplomados, junto às suas famílias, algumas categorias de funcionários da administração e comerciantes. Eram também eles que liam para aqueles que, a partir das redes da vida social popular, despertavam o desejo pelos livros. Eram eles, sem dúvida (como não poderia deixar de ser), os leitores assíduos de livros e jornais; desse exíguo contingente saía também, devemos concluir, a grande quantidade de colaboradores espontâneos da imprensa, assinantes, autores de versos ou de opiniões variadas que se registra na época.

E onde estavam as leitoras? Da estreita margem anterior, saía uma faixa ainda mais fina, a da alfabetização feminina, cujo percentual era sempre de dez a vinte pontos inferior ao masculino. E, desse percentual menor, ainda seria necessário descontar as mulheres que apenas conseguiam escrever seu nome (provavelmente, entre 10 e 15% do total de alfabetizadas), reservando o papel de leitoras e consumidoras ativas de literatura ao que restasse. Mas, sem se deter na penúria mediterrânea ou nos atrasos hispano-americanos, podemos imaginar um viajante europeu do final do século XVIII, entristecido após vagar pela Espanha ou Itália, países católicos repletos de analfabetos, decidindo, por exemplo, visitar a Inglaterra ou a França. A Inglaterra anglicana, separada da Igreja de Roma desde o século XVI; e a França, uma república nascente. Justificam seus números, já mencionados anteriormente, sobretudo em relação às mulheres, descrições eufóricas como esta, que glosa R. Wittmann?

> Já desde a metade do século XVIII, viajantes alemães relatavam uma imensa transformação do comportamento dos leitores: na Inglaterra, os telhadores, nos intervalos de trabalho, mandavam subir jornais aos telhados; na metrópole da França era possível observar: "Em Paris, todos leem (...). Todos – principalmente as mulheres – têm um livro consigo. Lê-se no bonde, nos calçadões, nos intervalos do teatro, nos cafés, no banho. Nas lojas leem mulheres, crianças, aprendizes,

> praticantes. No domingo as pessoas leem diante de suas casas; os lacaios leem em seus assentos, os cocheiros em sua boleia, os soldados nas guaritas..." (Wittmann *in* Cavallo; Chartier, 1999, p. 135-136)

O que acontece é que a estreitíssima, porém ativa, faixa feminina é percebida como uma multiplicação e, como tal, relatada. O relato hiperbólico e impossível do testemunho presencial, figura autorizada na retórica do viajante ("Todos – principalmente as mulheres – têm um livro consigo"), transformou-se em uma persistente sociologia alternativa à dos dados estatísticos e da demografia. Uma prova dessa sociologia alternativa, já consolidada no final do século XVIII, é a seguinte afirmação do doutor Johnson durante um jantar:

> Devemos ler o que o mundo lê no momento. Tem sido defendido que esta super-afetação, esta proliferação da imprensa nos tempos modernos é prejudicial para a boa literatura, porque nos obriga a ler muito sobre o que é de valor inferior, a fim de estar na moda; para que melhores obras sejam negligenciadas por falta de tempo, porque um homem vai ter mais satisfação de sua vaidade na conversa de ter lido livros modernos, que de ter lido os melhores trabalhos da antiguidade. Mas deve-se considerar que temos agora mais conhecimento geralmente difuso; todas as nossas senhoras leem agora, o que é uma grande expansão. (Boswell, 2019, p. 74)

Nem o viajante nem o doutor Johnson alucinavam: as mulheres da faixa estreitíssima não eram todas as mulheres, mas sim todas em uma: "todas as nossas senhoras leem agora". Ver uma mulher lendo significava imaginá-las todas *nela*: leitoras, escritoras, assinantes e consumidoras de folhetins, de boa literatura, de revistas de moda, de publicações periódicas e religiosas. De fato, não apenas se via todas as mulheres em uma única mulher, mas também se condensavam todas as leituras – todos os tipos de leitura – em um único ato de ler.

A que me refiro com "todos os tipos de leitura"? Para além do descompasso entre as porcentagens reais de alfabetização e as visões entusiásticas ou temerárias, Wittmann insiste em algo que, embora minoritário, explica a onipresença fantasmagórica dessas representações: a mudança no uso e na acumulação dos livros. Apesar do exagero que se depreende dessas observações, até os observadores mais circunspectos insistem que, no começo do século XX, ocorreu uma autêntica revolução da leitura, uma mudança de modelo com relação ao escrito: a transição revolucionária de um modo de leitura intensivo para um modo de leitura extensivo. Passou-se de muito pouco contato com os textos ao longo da vida – a Bíblia ou os volumes de edificação religiosa – à leitura de muitos textos, quase sempre apenas uma vez cada. Essa leitura, além de não ser religiosa, era variada, destinada ao entretenimento, e não à edificação. E, o que é muito importante, a atitude e a disposição intelectual e emocional do leitor (ou da escassa, porém ativíssima, leitora) também se modificaram: a leitura intensiva era em geral comunitária e ritual, e nela se controlava a expansão sentimental do indivíduo. A leitura extensiva, paradoxalmente, era sentida como algo intenso, apaixonado e voltado ao indivíduo, ao recurso pessoal, à circunstância única.

Não é por acaso que essa modificação tenha sido especialmente estudada e visível na Alemanha, onde a população alcançou, por volta de 1800, cerca de vinte e cinco milhões de pessoas, das quais 80% viviam no campo. Devido ao atraso na unificação política, a ampla distribuição dos centros urbanos, muitos e pequenos, favorecia à existência de uma rede de bibliotecas circulantes. Além disso, devido à multiplicidade de centros administrativos, a classe de funcionários, artesãos da cidade, burgueses ilustrados e residentes e frequentadores das cortes era maior do que em países centralizados, como a França.

Jürgen Habermas descreveu essa mudança na estrutura do público e delineou suas consequências para essa nascente identidade burguesa, que crescia e se apropriava de uma dimensão pública desvinculada das cortes: é a "esfera dos indivíduos privados reunidos em um público" que contestava o uso exclusivo da informação e da interpretação por parte das autoridades religiosas e do Estado e promovia uma atitude dinâmica e antiestamental em suas relações e comunicações literárias e políticas. O que define esse indivíduo privado reunido em público não é apenas o tradicional status derivado do lugar de nascimento, mas algo novo: a identidade individual como descoberta da própria subjetividade, sustentada em uma dimensão expressiva de autoridade inédita. Ian Watt (2010, p. 60) já havia apontado os laços entre essa descoberta e a nova função atribuída ao livro impresso: *ver alguém lendo* se transformou na exigência de *saber ler*. Com efeito, este era o meio adequado para que essa individualidade em crescimento dentro da "esfera dos indivíduos privados reunidos em um público", como definida por Habermas, encontrasse um veículo privilegiado. Livro e leitura se tornaram, para o novo leitor e a nova leitora intensivos, provas de liberdade e harmonia consigo mesmos, e não com hierarquias exteriores. Wittmann lembra que, até o século XVII, em termos muito gerais, o livro era concebido como um meio de transmissão autoritária, que colocava o leitor em uma relação impessoal com o poder e, portanto, servia como difusor e legitimador da disciplina social administrada pelas autoridades seculares e religiosas. Somente com a mudança geral de mentalidade do século XVIII o livro impresso passou a ser um meio de transformação horizontal – e não vertical e autoritário – da vida subjetiva dos leitores.

Por isso, também é possível supor que ocorreram mudanças – ainda que não se possa quantificá-las – nos conteúdos defasados da leitura comunitária, na qual uma mulher letrada lia para várias iletradas. Junto à conhecida Bíblia e aos guias de edificação nos países protestantes e às vidas de santos nos países católicos, somavam-se agora, nos mesmos cenáculos, as revistas, os folhetins triviais de um vago fundo moralista e o contato com o romantismo católico. Pela extrema porosidade da leitura coletiva, a faixa de acesso feminino à leitura profana se deu em princípio, contraditoriamente, por meio de campos de irradiação proselitista religiosa, como os círculos de beatas nos países católicos e as damas assíduas das paróquias nos países protestantes.

Podemos concluir que sabemos muito e, ao mesmo tempo, muito pouco sobre a atividade e o alcance da leitura na Europa e nas Américas durante o século XIX. Sabemos que a leitura não era massiva, embora estivesse mais disseminada; que era uma atividade que se representava – e que ainda se representa – na ficção como crescentemente feminina, embora, nesse ponto, a investigação histórica não disponha de dados que referende isso; que era prestigiosa, embora nem sempre de forma homogênea. Sabemos também que, com base no crescente público leitor, começavam a surgir públicos diferenciados; que se lia em família e em comunidade, mas também, cada vez mais, em solidão; e, por fim, que a leitura – e a escrita – religiosa passou a ser percebida mais como um freio para a expansão da alma do que como um caminho de enriquecimento moral e individual.

A percepção universal da leitura – verdadeira e, ao mesmo tempo, alucinatória –, a evidente ampliação da participação feminina e o caráter determinante da letra impressa na construção do indivíduo fazem com que as representações da leitura sejam recorrentes e enigmáticas. Elas são abundantes e, ao mesmo tempo, marcadas por certa ambiguidade. Mais ainda: tornam-se relatos cifrados, fantasias e sonhos que exploram o modo pelo qual tais fantasias, e esses sonhos, transformam-se em cenas de contato com os livros. Simulam falar, dentro da ficção, de sua existência real e, por meio da imagem dessa existência, dos significados da leitura. Na realidade, projetam uma existência futura e a transformam, a partir dessa projeção, em algo concreto.

Nos trechos, episódios e temas da representação da leitura, os textos de ficção elaboram autênticas teorias do livro como documento, como relato autobiográfico, como ícone, como comunicado oficial, como panfleto. Condensam-se aí as ficções do livro: por um lado, invenções que estruturam formalmente os textos; por outro, emblemas morais, estéticos ou políticos da função da leitura. Espiral de figuras: em algumas ocasiões, engano; em outras, sonho de conhecimento. Sempre presságios do futuro; até mesmo escritas do futuro nos textos do presente. Escritas do futuro porque, nessas cenas, a representação do livro como suporte material é sempre uma promessa do que virá, com seus terrores e suas felicidades. É mais do que uma promessa; é a construção efetiva do futuro da literatura e também dos fantasmas de sua possível extinção ou, ao menos, radical transformação.

PRIMEIRA PARTE

Paixão pela leitura

– Há umas poucas noites você se ofereceu para ler alguma coisa pra mim. Na ocasião, não pude aceitar. Agora estou a seu dispor. Talvez não seja inútil renovar um pouco sua prática do francês. Percebi que seu sotaque começa a enferrujar.

– Que livro devo escolher?

– Aqui estão as obras póstumas de St. Pierre. Leia umas páginas de Fragments de l'Amazone.

Ela aceitou o assento que ele tinha colocado com presteza perto do seu; o volume estava sobre sua mesa e era a única coisa entre eles. Os cachos dela, soltos, baixaram tanto que lhe ocultaram a página.

– Prenda o cabelo – disse ele.

Charlotte Brontë, *Shirley*

1. A última leitora do século XVIII e o primeiro leitor do XIX: *Tom Jones* de Henry Fielding e *O prelúdio* de William Wordsworth

Em *Tom Jones* (1749), Henry Fielding usou o recurso clássico dos opostos paralelos para fazer o retrato perfeito da senhora Western, a última leitora do século XVIII, herdeira de anfitriãs sábias e pedantes da aristocracia europeia anterior às revoluções burguesas:

> Embora o homem tivesse algo de político e tenha sido duas vezes candidato nas eleições de seu distrito, estava muito longe de ser um homem observador. Sua irmã, ao contrário, era uma mulher muito distinta. Tinha vivido na corte e visto bastante mundo, adquirindo todos os conhecimentos que tal mundo costuma proporcionar, e era uma consumada mestre em maneiras, costumes, cerimônias e modas. Fez grandes progressos no estudo da inteligência humana. Conhecia, por tê-las lido, não somente as comédias modernas, óperas, oratórios, poemas, romances, de todos os quais era uma boa crítica, mas também a *História da Inglaterra* de Rapin, a *História de Roma* de Eachard, e muitas *Mémoires pour servir à l'Histoire* redigidas em francês. A isto se acrescentava a maior parte dos folhetos e jornais políticos publicados nos últimos anos, com cuja ajuda tinha conseguido alcançar um grande conhecimento de causa dos assuntos da Europa. Era, por outro lado, muito hábil em questões amorosas e sabia melhor que ninguém os casais que se sentiam atraídos e os que não. Tinha adquirido este conhecimento com maior facilidade por não ter sido resultado da experiência pessoal, dado que jamais havia considerado alguém nem havia sido cortejada por ninguém. Isto se explica facilmente tendo em vista seu aspecto masculino. (Fielding, 1989, p. 230)

Festivo paralelo entre irmão e irmã que, mais de um século depois, George Eliot transformou em drama: há ecos do senhor e da senhorita Western nos irmãos Tom e Maggie Tulliver, de *O moinho à beira do rio* (1860). Ambos os irmãos homens, o senhor Western e Tom Tulliver, desfrutam de oportunidades econômicas, políticas e educativas, mas são toscos e obtusos, enquanto as duas irmãs, a senhorita Western e Maggie Tulliver, não têm nenhuma saída social além do casamento, mas são sutis, observadoras, leitoras vorazes. Fielding salva sua senhorita Western ao masculinizá-la e, assim, subtraí-la do desastre inerente ao acesso feminino ao saber; Eliot, por sua vez, condena a sua à ruína pois já não pode masculinizar suas atitudes de leitora. O tempo transcorrido acentua a importância da ânsia fáustica pelo saber que leva as mulheres ao fracasso. Por isso, escolho a senhorita Western, alta, feia, solteira e masculinizada, como a última leitora feliz do Antigo Regime.

Não escolho, no entanto, como primeiro leitor da modernidade um personagem feminino, mas sim um verossimilmente masculino: a voz poética retumbante, torrencial, hercúlea de *O prelúdio*. William Wordsworth, que inventou essa voz nova, dedicou a quinta seção de seu magno poema autobiográfico – do qual existem quatro versões (1798, 1799, 1805 e 1850) – a contar como se tornou poeta tornando-se leitor. "Livros", essa seção, possui cerca de seiscentos e cinquenta versos; um de seus editores mais conhecidos, Jonathan Wordsworth, identifica neles dezenas de citações e alusões: a Shakespeare, a Milton, a Cervantes, a Coleridge, a Cowper, a Chaucer, a Homero, a Euclides, à Bíblia – tanto ao Antigo quanto ao Novo Testamento – e a *As mil e uma noites*. Mas o que interessa aqui não é o complexíssimo sistema intertextual de *O prelúdio*, e sim o fato de que o protagonista do poema introduz a história de sua educação pelos livros por meio de *Dom Quixote*. O poeta primeiro se pergunta, grandiloquente, sobre o destino do homem, essa criatura que se alimenta do "estudo e do pensamento"; confia suas dúvidas a um amigo, que lhe responde com um apólogo:

E a partir daí
Acrescentou que uma vez, em um entardecer de verão,
Estando sentado em uma rochosa caverna
Junto ao mar, meditando, casualmente
Acerca da história do cavaleiro errante
Escrita por Cervantes, aqueles mesmo pensamentos
O haviam assaltado e haviam ascendido a surpreendentes alturas,
Enquanto ele, apático, permanecia sentado, e, tendo fechado,
O livro, havia voltado a olhar o mar.
(Wordsworth, 1980, p. 122)[1]

Como Dom Quixote na cova de Montesinos – episódio evocado aqui com um fervor quase explícito –, o amigo do poeta penetra "em um sonho": vê-se no deserto árabe diante de um beduíno que empunha uma lança em uma das mãos, carrega uma pedra debaixo do braço e na outra mão uma concha com um brilho indescritível. O árabe lhe diz que a pedra é um livro, "os elementos de Euclides", e que a concha é outro livro, "de maior valor". Ordena-lhe que leve a concha ao ouvido, e, imediatamente, aquele que narra escuta "uma língua desconhecida mas compreensível":

1 [N.T.] Na versão em língua portuguesa, que seguiremos nos próximos fragmentos, já não é o amigo que tem as visões, mas o próprio "narrador": "um dia, em que tal queixa sair/ dos meus lábios na presença de um amigo estudioso,/ ele respondeu-me com um sorriso, que era, na verdade,/ uma maneira de ir procurar bem longe a inquietação;/ mas, logo a seguir a sua repreensão, confessou/ que ele próprio tinha, muitas vezes, sido assediado/ por tais preocupações. Contei, de seguida,/ que, uma vez, na quietude de um meio-dia de verão,/ enquanto estava sentado na gruta de um rochedo/ à Beira Mar, por acaso, a meditar na história/ tão famosa do cavaleiro andante/ narrada por Cervantes, esses mesmos pensamentos/ me assaltaram e atingiram um vigor raro, enquanto eu, indiferente e tendo fechado/ o livro, voltaram aos meus olhos para o vasto mar" (Wordsworth, 2022, p. 144). No original: *That once in the stillness of a summer's noon,/ While I was seated in a rocky cave/ By the sea-side, perusing, so it chanced,/ The famous history of the errant knight/ Recorded by Cervantes, these same thoughts/ Beset me, and to height unusual rose,/ While listlessly I sate, and, having closed/ The book, had turned my eyes toward the wide sea.*

Uma Ode, dita com paixão, anunciando
às crianças da terra a destruição.
(Wordsworth, 2022, p. 145)[2]

O árabe está decidido a enterrar os dois livros, cujo conhecimento representa uma tentação excessiva, porque um deles contém "o conhecimento da terra"; porque o outro é "um deus, ou até muitos deuses"; porque é "um júbilo, um consolo, uma esperança"; e porque possui "mais vozes que todos os ventos". Os dois caminham para cumprir a tarefa que permitirá manter separadas ambas as esferas sagradas (o conhecimento da natureza e o segredo da divindade). Então o narrador adivinha que o árabe é

o mesmo cavalheiro
Cuja história Cervantes nos conta, mas o cavalheiro
Era também o árabe do deserto; não sendo
Nem um nem outro, era os dois em simultâneo.
(Wordsworth, 2022, p. 147)[3]

A luz diminui; sobre as águas do profetizado dilúvio que se aproxima, o árabe foge, e o narrador acorda "apavorado":

E vi o mar diante de mim e o livro
Que estivera a ler ao meu lado.
(Wordsworth, 2022, p. 147)[4]

Então ele compreende que:

2 *An Ode, in passion uttered, which foretold/ Destruction to the children of the earth.*

3 *He, to my fancy, had become the knight/ Whose tale Cervantes tells; yet not the knight,/ But was an Arab of the desert too;/ Of these was neither, and was both at once.*

4 *And saw the sea before me, and the book,/ In which I had been reading, at my side.*

Muitas vezes, retirando do mundo dos sonhos
Este *árabe fantasma* tal como o contemplei[5]
Este *arremedo de Dom Quixote*, acabo por lhe emprestar
Realidade, imaginando como um homem existente,
Um habitante afável do deserto, *perturbado*
Pelo amor, pelo sentimento e por um pensamento íntimo (...)
Por sinais na terra ou no céu, que eu poderia partilhar
A vã angústia daquele homem *perturbado* e empreender
A mesma missão. Pelo menos, tenho, muitas vezes,
Dominado um arrebatamento tão forte,
Quando seguro na mão um livro
Um pobre cofre efêmero de poemas imortais,
De Shakespeare ou Milton, artesãos divinos!
(Wordsworth, 2022, p. 149, itálico da autora)[6]

Esse punhado de versos conecta o sonho iniciático à presença de Dom Quixote – leitor "maníaco" – dentro do próprio sonho. Além disso, funde-se com motivos e personagens árabes: a presença quase cabalística de uma pedra que é um livro e de uma concha que é outro livro e cujo ruído se entende além das línguas – o *aleph* de Borges, o verdadeiro, o segundo *aleph* do conto, parece surgir naturalmente desse duplo caráter enigmático. E, por fim, há a presença de Dom Quixote *como posição de leitor* diante de Shakespeare ou Milton. Pois, embora Shakespeare ou Milton sejam invocados com devoção, a máscara do poeta leitor é unicamente o fidalgo: "Livros" começa e termina sustentando-se no modelo de leitura de *Dom Quixote*; um modelo que

5 [N.T.] "que meu amigo viu" (na versão da autora).

6 *Full often, taking from the world of sleep/ This Arab phantom, which I thus beheld,/ This semi-Quixote, I to him have given/ A substance, fancied him a living man,/ A gentle dweller in the desert, crazed/ By love and feeling, and internal thought (...)/ Of an event so dire, by signs in earth/Or heaven made manifest, that I could share/ That maniac's fond anxiety, and go/ Upon like errand. Oftentimes at least/ Me hath such strong entrancement overcome,/ When I have held a volume in my hand,/ Poor earthly casket of immortal verse,/ Shakespeare, or Milton, labourers divine!*

inclui elementos alucinatórios e oníricos, que indica ao leitor não um ponto fixo, mas sim um caminho sem sinalizações, como o deserto por onde aparentemente vagueia o semiQuixote que é seu espelho. Por isso – porque, em Wordsworth, a leitura é alucinação, sonho do futuro, transformação mágica dos elementos, promessa – escolho essa voz extraordinária como o primeiro leitor do século XIX.

Fielding, um cervantino, marca o fim da sensibilidade do Antigo Regime; Wordsworth, outro cervantino, inaugura a nova. Podemos ter nostalgia de Fielding, mas só podemos nos reconhecer mesmo no leitor de Wordsworth: maníaco mergulhador da caverna de Montesinos, errante sepultador dos segredos da natureza e da divindade. Isso quer dizer que, na verdade, ainda nos reconhecemos em Cervantes?

Ainda sim, embora não saibamos até quando.

2. O novo espaço totalizante da leitura: *Modesta Mignon* de Honoré de Balzac, *Clemencia* de Fernán Caballero e *Amalia* de José Mármol

Em "Modesta Mignon", um dos romances de *A comédia humana*, a voz autoritária do narrador balzaquiano retrata sua heroína:

> Abatida com a morte da irmã, Modesta se embrenhara em leituras contínuas, que quase a imbecilizavam. Educada de modo a falar duas línguas, conhecia tão bem o alemão quanto o francês: depois, ela e a irmã tinham aprendido inglês com a sra. Dumay. Modesta, nesse particular, pouco vigiada por pessoas sem instrução, alimentara a alma com as obras-primas modernas das três literaturas, inglesa, alemã e francesa. Lord Byron, Goethe, Schiller, Walter Scott, Hugo, Lamartine, Crabbe, Moore, as grandes obras dos séculos XVII e XVIII, a história e o teatro, o romance, desde Rabelais até *Manon Lescaut*; desde os *Ensaios* de Montaigne até Diderot, desde os *Fabliaux* até a *Nova Heloísa*; o pensamento de três países povoou de imagens confusas aquela cabeça sublime de fria ingenuidade, de virgindade contida, de onde se precipitou brilhante, armada, sincera e forte, uma admiração absoluta pelo gênio. (Balzac, 2012, p. 421)

Modesta Mignon, rica herdeira, é fervorosa na procura de um gênio poético ao qual oferecer sua vida no começo do romance, enquanto compõe canções – entre as quais uma, "graças aos avanços da tipografia", encontra-se transcrita no volume –, busca-o durante todo o relato e, finalmente, em vez de um artista, consegue, sensata, um marido próspero. Esquece então "as ridicularias do pedantismo" às quais, apesar de ser mulher, teria direito, porque é mais culta que muitos ao seu redor. Diante dessa aceitação humilhada das limitações de seu gênero, o narrador exclama: "como o casamento é suave e fácil de ser levado com uma mulher instruída e de espírito" (Balzac, 2012, p. 590). Acrescenta a essa bênção as boas rendas, registradas na última página, depois de informar o início oficial do noivado: "O domínio de La Bastie, reconstituído por mais de cem mil francos de renda, era elevado a morgadio por cartas patentes, que a Corte Real registrou em fins de abril" (Balzac, 2012, p. 590).

As leituras de Modesta formam uma biblioteca clássica ainda vigente, com duas exceções: os hoje esquecidos Crabbe e Moore, poetas ingleses medíocres, antecedentes sentimentais do romance realista. Entretanto, qualquer pessoa reconheceria hoje os outros nomes que turvaram a mente de Modesta Mignon. Byron, Goethe, Schiller, Walter Scott, Hugo, Lamartine, Rabelais, *Manon Lescaut*, além dos *Ensaios* de Montaigne e Diderot, os *Fabliaux* e a *Nova Heloísa* poderiam pertencer ao repertório básico da cultura atual, conforme propõem as coleções de bancas de jornais e os programas de introdução à literatura nas faculdades de humanidades. A atitude do narrador em relação à sua protagonista é tão previsível quanto o conteúdo da biblioteca: ironia controlada, didatismo comovente ("como o casamento é suave e fácil de ser levado com uma mulher instruída e de espírito"). Como sempre, o deleite quase perverso com que o leitor pode acompanhar a inigualável pulsão balzaquiana – ao mesmo tempo, escriturária e palpitante – compensa o irritante e previsível paternalismo. Balzac sustenta, como que com um punho, até o final, o feixe de vínculos humanos, encarnados em ações, títulos de renda fixa e variável, marquesados e ducados que se entrelaçam com viscondados, dotes, pântanos dessecados e terras laboráveis. Como o dinheiro, a biblioteca que Balzac coloca à disposição de Modesta Mignon pertence à nova experiência de mundo cantada em 1805 por Wordsworth, e possui a mesma energia.

Emana desses títulos de obras e autores a força da promessa que emana do dinheiro. Dinheiro e livros pressagiam um domínio inédito, que minará até mesmo o paternalismo do próprio Balzac, embora, em *Modesta Mignon*, como em muitas obras da época, a enumeração de livros indique o perigo latente no fato de as mulheres poderem ter acesso aos signos impressos. Mesmo quando a prática era perigosa para uma mulher, mesmo quando as leituras eram errôneas, imorais e até letais, o que importa é que Balzac as enumera como se ninguém pudesse refutá-las, como se constituíssem pedras inamovíveis no caminho da alma na construção de uma sensibilidade culta.

Isso era o que estava em jogo na sociedade moderna, talvez pela primeira vez para todos: em *O prelúdio*, Wordsworth canta para todos, em nome de todos. E todos podiam compartilhar uma biblioteca, com suas peculiares e claras hierarquias, além de regiões, países e continentes. Para um só globo e para todos os tipos de leitores potenciais, uma série de textos se impunha como único sistema de educação da alma, até mesmo para aqueles que não podiam ter acesso a eles.

Anos antes, e até em tradições literárias que, no começo do século XIX, demonstravam um sensível atraso em relação ao espírito do novo, havia almas atentas às mudanças na leitura. Nesse período, o desenvolvimento do romance acontece em um autêntico âmbito único, razão pela qual podemos qualificá-lo como totalizante. Um exemplo: em 1839, em Sevilha, Gertrudis Gómez de Avellaneda conta sua vida de 27 anos a seu pretendente e, para produzir a impressão de seriedade, informa-o de seus hábitos de leitora, nos quais os romances ficam abaixo das leituras sérias. Ela se mostra como uma mulher que sabe que deve ler como se não fosse mulher, e, ao mesmo tempo, que não pode esquecer sua condição; o esquecimento de sua condição seria pecado imperdoável, pois a masculinizaria e a apagaria diante do olhar daquele por quem ela existe: “Quando estávamos todas reunidas, falávamos de modas, de bailes, de romances, de poesia, de amor e de amizade. Quando Rosa, minha prima, e eu estávamos sozinhas, costumávamos nos ocupar de objetos mais sérios e superiores à nossa inteligência. Muitas vezes nossas conversas tinham por objeto os cultos, a morte e a imortalidade” (Avellaneda, 1914, p. 35).

No degrau mais baixo, “romances e poesias”; no mais alto, “os cultos, a morte e a imortalidade” (Avellaneda, 1914, p. 35). Mas há livros nos dois degraus, até mesmo aqueles “superiores” à inteligência das mulheres.

Outro exemplo, também na Espanha e também pertencente a esse tipo de literatura, as cartas, os esforçados poemas e os abundantes e impossíveis dramas históricos de Gómez de Avellaneda, hoje são lidos somente por doutorandos e pelo público dos congressos universitários. Em 1852, Fernán Caballero – Cecilia Böhl de Faber – atribui a mesma capacidade leitora à protagonista de seu romance *Clemencia*, que, após ter mantido uma severa conversa sobre a diferença entre versificação e poesia e entre estilo e beleza, encerra a cena deste modo:

> – Venero as tragédias clássicas como a mais perfeita mostra de arte imitada do grego, a senhora não é da mesma opinião? – disse sr. George.
> – Não tenho simpatia por esse tipo de teatro – respondeu Clemencia – essas palavras religiosas sem fé, essa paixão tosca sem coração, esse heroísmo sem afetos, essas palavras tão harmoniosas em assuntos que o são muito pouco, produzem um mau efeito e me parecem Aspasias e Safos vestidas de virgens cristãs. São ao meu entender afetadas; e tudo o que perde a naturalidade, perde o caminho do coração. Esta é minha frágil opinião de mulher, formada mais por impressões que por análises artísticas, meu sentimento que soa como a harpa eólica, ao acaso do ar que a penetra. (Caballero, 1982, p. 290)

Clemencia não apenas tem opiniões sobre o drama histórico inspirado em argumentos clássicos, que era apreciado por seus contemporâneos, como também leu os jesuítas, Bonald, Platão e Balzac; é capaz de discutir sobre os regimes de governo, sobre a monarquia e a anarquia, além de travar um desafio intelectual sobre virtudes e vícios nacionais com um de seus pretendentes, um aristocrata inglês e cético protestante. Mais ainda: "meu sentimento que soa como a harpa eólica, ao acaso do ar que a penetra" traduz quase literalmente a definição de poeta de Coleridge, embora, no lugar de poeta, Clemencia coloque sua "alma de mulher"; um atrevimento secreto dirigido a algum leitor ideal da época que fosse capaz de se apropriar da prestigiosa analogia e celebrá-la. Pouco importa que ela reivindique para si o âmbito das "impressões" e não o das "análises artísticas", e menos ainda que, no final, se case com um primo autóctone e católico, vá viver no campo e declare, aderindo a um ideário do Estado autoritário e pré-burguês em relação ao comércio com os livros: "A leitura bem dirigida, prima, serve para colocar cada coisa em seu lugar e, banindo a vaidade tola, para dar às pessoas o decoro e a dignidade que lhes são próprios" (Caballero, 1982, p. 368).

E importa pouco, porque a mera extensão – tanto na acumulação de nomes quanto na expansão textual – das leituras explícitas e veladas de Clemencia contradiz suas afirmações finais. Se deixarmos de lado a imperícia construtiva e a puerilidade declarativa das novelas de Fernán Caballero, o que resta em *Clemencia* é a impressão de um ambicioso exibicionismo de uma leitora que não apenas se vê obrigada a mostrar sua biblioteca, mas também a resenhar suas leituras, a ponto de transformá-las em uma impugnação tácita desses mesmos ideais sociais que sustentam o relato.

O terceiro exemplo é americano e pertence, como os dois anteriores, à modesta, porém numerosa, série de romances que apenas alcançam a glória nacional das leituras obrigatórias. Na Argentina convulsionada pelas guerras civis anteriores a 1854, a protagonista de José Mármol aparece, pela primeira vez, lendo:

> Quando Daniel colocou Eduardo no sofá, Amalia, pois já distinguiremos a jovem prima de Daniel pelo seu nome, entrou correndo em um pequeno gabinete contíguo à sala, separada por uma parede de vidro, e pegou uma pequena lâmpada de alabastro que estava sobre a mesa de mármore negro, com cuja luz a jovem lia as *Meditações* de Lamartine; quando Daniel a chamou pela janela, voltando à sala, colocou a lâmpada sobre uma mesa redonda de mogno, coberta de *livros* e de vasos de flores. (Mármol, 1979, p. 22, grifos da autora)

Amalia e Eduardo se apaixonam, e ele lhe traduz trechos de *Manfredo*, de Byron, assim como Werther recitava para Carlota os Cantos de *Ossian*. Os livros se alinham em lados opostos da nascente sociedade argentina; traduzir Byron representa uma expansão da sensibilidade conquistada no embate político, um refúgio que se contrapõe à igualmente frenética atividade leitora da sociedade portenha rosista. Mármol dedica páginas a detalhar, no personagem celestinesco[7] de dona Marcelina, os costumes de apropriação vulgar da tradição literária: dona Marcelina devora Rousseau junto com folhetins argentinos, mas admite não ter lido nem a Bíblia nem *Dom Quixote*, que Daniel, primo de Amalia, lhe resume com sarcasmo:

> Então esse dom Quixote, que era um bom homem, muito parecido fisicamente e em outras coisas com sua Excelência, o general Oribe, declara que não poderia existir uma república bem constituída sem certo emprego, e esse emprego é o que você exerce dignamente.
> – O de protetora de minhas desgraçadas sobrinhas, você quer dizer. (Mármol, 1979, p. 123)

Tanto em Balzac quanto em Gómez de Avellaneda, Caballero e Mármol, a representação da vida é a representação das leituras. Uma espécie de biblioteca ideal funciona como horizonte histórico comum. Esse horizonte engloba oposições, mas não admite, por outro lado, que nenhuma ordem da vida fique de fora. As literaturas nacionais são alinhadas conforme um modelo transnacional (*Modesta Mignon*); a literatura séria masculina é colocada acima da ficção adequada às senhoritas (Gertrudis Gómez de Avellaneda e Fernán Caballero); ou a literatura séria europeia se sobrepõe à literatura popular argentina (*Amalia*). Em todos os casos, o horizonte é o contato com os livros. A tendência de que a biblioteca adquirisse o status de espaço totalizante já era anunciada, como provam as crônicas citadas por Wittmann ou as observações do doutor Johnson, no final do século XVIII; mas só obterá esse estatuto na primeira metade do século XIX. Assim a inaugura Wordsworth em *O prelúdio*, assim a desenha Balzac em

7 [N.T.] Referência à célebre alcoviteira da literatura espanhola e personagem central de *Tragicomedia de Calisto y Melibea* (1502). Hoje, a obra é conhecida como *La Celestina*, tamanha a força da personagem de Fernando de Rojas.

Modesta Mignon. Agora, com a onipotência desse novo espaço, os romances modulam, nas representações da leitura, os conflitos e os sonhos modernos que os espíritos do século produziram. Muitas vezes, esses conflitos se apresentam de forma retorcida, extraordinariamente estilizada, quase imperceptível: *A letra escarlate* será o romance paradoxal que revelará esses pressentimentos do futuro como enigmas do passado.

3. A biblioteca bordada: *A letra escarlate* de Nathaniel Hawthorne

Não é por acaso, então, que o outro expoente dos efeitos impensados desse novo espaço totalizante seja americano e que seu relato situe o conflito quase duzentos anos antes: Hester Prynne, a heroína adúltera de *A letra escarlate* (1850), borda uma letra em um pedaço de veludo vermelho e a carrega consigo, em si: seu corpo é a biblioteca. Nathaniel Hawthorne ambientou a ação do romance no início do século XVII, nas costas da Nova Inglaterra, embora, quase imperceptivelmente, a brutal parábola desloque a fantasmagoria puritana para a sensibilidade narrativa da metade do século XIX: Hester Prynne, uma pioneira, embarca para a Europa para se reunir com seu marido – supostamente morto ao chegar à América –, e mantém um vínculo secreto e carnal com o pastor da comunidade puritana. Ao ficar grávida, não confessa o nome do pai de sua filha e é condenada a levar sobre o peito, bordada em vermelho, a inicial de "adultério".

Durante sete anos, os personagens se cruzam em bosques selvagens, habitados por indígenas de línguas estranhas e incompreensíveis, hábeis nos saberes das ervas e plantas para curar e enfeitiçar. Quando seu marido retorna – após ter sido mantido como prisioneiro entre os indígenas – e descobre o que aconteceu, decide ocultar sua verdadeira identidade e estabelece um vínculo inesperado com os pecadores: a chantagem. Os áceres, os carvalhos e os riachos abrigam encontros casuais entre o chantagista e o jovem e covarde pastor. Hester borda, costura, cozinha, cuida dos enfermos. Ao "socializar" sua culpa, carregando-a visivelmente, ela elimina o veneno do segredo e transforma-o em uma possibilidade de cura; já seu amante, o reverendo Dimmesdale, se cala e se atormenta pela paternidade não confessada e pelo assédio do marido. Por isso, ao final, a letra escarlate se torna uma tatuagem invisível e ardente em seu peito pálido e agonizante, quando ele desaba diante da comunidade e confessa sua culpa.

A letra escarlate é, em sua totalidade, a ampliação de uma única cena de leitura, com um abecedário formado apenas pela primeira letra. A intriga consiste no lento e minucioso traçado dessa letra em todos os materiais possíveis: agulha, fios de ouro, o tecido carmim de Hester; dedos gelados sobre um peito ardente para seu amado Dimmesdale.

É o único romance autenticamente religioso dentre os aqui comentados. Contudo, não parece ser cristão, e sim pagão: trata-se de um relato sobre a persistência da paixão amorosa além da morte, como *O morro dos ventos uivantes*. O narrador encontra, em um arquivo, duzentos anos depois, os restos da letra bordada. Ao tocá-la, sente um fogo no peito, uma comoção, como se estivesse diante de um feitiço: "*spell*". "*Spell*" tem muitas acepções cruzadas: soletrar, contar, narrar, pronunciar palavras mágicas, encantar, fascinar, enfeitiçar; conversar, declarar, decifrar; e, às vezes, substituir. Todas essas acepções formam a rede que Hawthorne teceu. Com uma única letra, como um cabalista lunático ou um bruxo, ele embaralhou os possíveis futuros da leitura para Hester Prynne, pioneira americana, e a condenou, como Penélope, a soletrar interminavelmente a letra "A" de adultério. Mas Hester usou a atividade de soletrar para substituir (lembremos que essa é a última das acepções de "*spell*") o saber do Velho Mundo pelo do Novo, e se transformou em decifradora de bosques e ervas. A biblioteca bordada é o passaporte de Hester Prynne, Penélope moderna, leitora, como Penélope, masturbadora, capaz de assaltar o futuro americano a qualquer custo e de sofrer, para isso, o eterno padecimento do corpo bordado.

4. A leitora feliz: *Sylvie* de Gérard de Nerval

Dois traços fundamentais da leitura moderna estão em *A letra escarlate*: é um destino inescapável; é a promessa de um domínio maior sobre a condição subjetiva. Esses dois traços estão em *Sylvie* (1854), de Gérard de Nerval, outro dos relatos-chave sobre a leitura. Só que, em Nerval, o sofrimento do destino e o domínio da condição subjetiva se transformam na felicidade da epopeia de uma alma: a da mulher trabalhadora que lê. No entanto, os historiadores da literatura apresentam *Sylvie* de outra forma: "(...) alegoria metafísica que tem por tema o destino humano tal como aparece fixado, modificado ou perturbado por estes grandes quatro fatores: a natureza, o amor, o tempo e a beleza" (Poulet, 1990).

De fato, existe um consenso esmagador sobre o caráter alegórico desse romance, desde o próprio Poulet até Albert Béguin, Paul Bénichou ou Mario Praz. Bénichou enfatiza seu aspecto fantástico e noturno, enquanto, para Béguin e Praz, *Sylvie* é um emblema inegável do malditismo, além de representar a melhor expressão da busca do ideal, fórmula que resume a mecânica do romantismo tardio. Quem busca o ideal não é, evidentemente, Sylvie – ela é a muralha contra a qual o projeto colide –, mas sim o personagem central, o "Autor", o artista convertido em narrador e personagem, que parte em busca do ideal e, em sua viagem, delineia o percurso da criação artística como um embate com a natureza decepcionante das personagens femininas.

O "romance de artista" é, portanto, um relato tanto da aspiração ao absoluto quanto da decepção, embora a decepção de Nerval não seja a mesma dos personagens de Balzac. Em Nerval, não é o mundo – essa rede de meios legítimos e ilegítimos tecida pela ambição individual, na qual esta acaba aprisionada – o que decepciona. O motor da decepção do "Autor" é uma jovem provinciana, que, na verdade, coloca-se à margem do mundo. Sylvie, uma doce donzela que recita canções populares, a princípio se deixa enganar, embora depois se transforme em um sujeito inabalável e cético, capaz de sobreviver ao engano. A crítica nervaliana, por razões compreensíveis, quase invariavelmente se identificou com a posição do "Autor" tanto como personagem quanto como princípio de autenticidade universal. Como se Sylvie, ao escapar de sua inocência feminina inicial, encarnasse o processo de falsificação do autêntico, que leva quem busca o ideal estético ao abismo da inautenticidade.

O relato começa de modo convencional: o herói, um escritor, sente-se infeliz em Paris, apaixonado à distância e sem esperanças por uma atriz, Aurélie. Certa noite, decide voltar à província. A região é o Valois: no caminho, evoca os nomes da decadente dinastia dos próprios Valois, reis da França, substituídos pelos Bourbon, e menciona os lugares prediletos de Rousseau, a quem dedica um conjunto denso de citações e alusões ao longo do romance. Na viagem de cinco horas de Paris à província, o narrador lembra – em uma deslumbrante rememoração que, como todos concordam, antecipa Proust – uma sucessão de rostos femininos: a atriz de Paris, Aurélie, lembra-lhe Adrienne, uma jovem aristocrata. Por Adrienne, por um único dia, em sua remota puberdade, o protagonista havia traído Sylvie, garota camponesa a quem, depois, amou episodicamente, mas que, mais tarde, abandonou por Aurélie, a atriz, ligada ao seu sucesso na vida literária. Esta, por sua vez, o abandona no final, ao descobrir que a evocação doentia da ausente Adrienne, nunca mais vista, era o motor de seu amor pela atriz.

Nessa sucessão de identidades, apenas Sylvie permanece inamovível, pois não é uma figura de substituição, mas sim de referência. E nos dois sentidos do termo: é algo em relação ao qual as outras coisas – as outras mulheres – são; e é também aquela a quem se referem os amores e as circunstâncias do sofrimento do narrador.

No capítulo XIV ("Última página"), o herói, agora autor dramático reconhecido, envelhecido e um pouco marginalizado, faz uma visita amigável a Sylvie, seu marido confeiteiro e seus filhos:

> Chamo-a às vezes de Carlota e ela encontra em mim alguma semelhança com Werther, menos as pistolas, que já estão fora de moda. Enquanto o Grandão encaracolado se ocupa do almoço, levamos as crianças a passear nas alamedas de tílias que cingem as ruínas das velhas torres de tijolos do castelo... E nós lemos algumas poesias ou algumas páginas desses livros curtos que ninguém mais escreve. (Nerval, 2012, p. 53)

Então, sob a invocação de Werther e Carlota, as figuras femininas do jogo de substituições reaparecem unidas, agora habilmente entrelaçadas em poucas linhas:

> Esqueci de dizer que no dia em que o grupo de Aurélie fez uma representação em Dammartin, levei Sylvie ao espetáculo e perguntei-lhe se não achava que a atriz se parecia com uma certa pessoa que ela conhecera havia muito tempo.
> – Com quem?
> – Adrienne. Lembra-se de Adrienne?
> Sylvie desatou a rir, dizendo:
> – Mas que ideia!
> Depois, como se censurando a si mesma, suspirou:
> – Pobre Adrienne! Morreu no convento de Saint S... por volta de 1832. (Nerval, 2012, p. 53)

Nesta cena final, sobre o palco, Aurélie, a atriz, é despojada das máscaras das outras personagens femininas e, enfim, reduzida a si mesma, desprovida do encanto da quimera morta, Adrienne. A sombra de Adrienne, no entanto, não encontra descanso; talvez sua função tenha sido contribuir, com sua morte prematura – até então ignorada pelo narrador –, para que Sylvie se transformasse nessa "Carlota" goethiana, sensata e viva. O destino de Sylvie parece depender da desaparição precoce de Adrienne; Nerval é um mago das transições imperceptíveis.

A educação de Sylvie é quase inapreensível e, portanto, também o é sua insidiosa felicidade, um estado muito difícil de definir e, sobretudo, de interpretar em um texto moderno. A presença do narrador, com sua renomada demonologia, tem sido muito mais sedutora; por isso, raramente se destaca que o tormento da busca pelo Ideal, neste relato, é causado por parte de uma leitora. Sem dúvida, o "Autor" é a voz e a presença mais poderosa, mas não é todo o texto, que percorre por vias muito mais variadas e, por vezes, com reviravoltas inesperadas. Como romance, *Sylvie* não consiste na proclamação dramática da decepção do "Autor", mas em sua encenação, pausada, amável, melancólica, em surdina: o processo pelo qual a doce Sylvie decepciona o narrador. E ela o decepciona porque, à medida que se torna uma melhor leitora, torna-se um pior sustentáculo do Ideal.

O singular processo de perda da ingenuidade feminina, que leva à ruína do "Autor", não ocorre porque Sylvie muda de humor, de amores ou de província, mas porque transforma seus hábitos de consumidora de cultura. O que os críticos interpretaram como uma falsificação filosófica encarnada nela é, na verdade, sua aquisição histórica do domínio dos gostos e usos letrados: Sylvie se "falsifica" – se aceitarmos o léxico compartilhado por Bénichou, Poulet e Praz – no momento em que se torna letrada.

Assim surge um segundo relato, mais difícil de ser apreendido: um vasto repertório fundamentado nos usos e costumes do consumo cultural metropolitano e provinciano da metade do século XIX. Ao longo de suas cem páginas, acompanhamos o desenrolar dos gostos do narrador ("Autor"), que se contrapõe à progressiva modernização da garota. O "Autor" encarna as leituras autorizadas, parisienses, a partir das quais governa os dois lados da garota, claramente separados entre si: o popular, como consumidora de folhetins, e o folclórico, como memória rural e musical da região. Não se trata de um movimento simples, pois a própria Sylvie, a princípio, não se vê com clareza. Ela tem consciência de ser leitora de livros, mas não sabe, até a metade do relato, que esses livros são folhetins; e só adquire esse conhecimento ao ler Rousseau. Embora saiba cantar as canções de sua terra, ela desconhece que o que faz é folclore até que aprende a "frasear" uma ópera.

É o "Autor" quem lhe facilita o acesso a Rousseau (contra o folhetim) e à ópera (contra as canções folclóricas, tanto nas letras quanto no estilo de canto). Mas ela assimila tudo rapidamente. Nada nem ninguém sai ileso do assalto uma vez que Sylvie, ao tomar posse do olhar sobre si mesma, passa a dirigir sua vista sobre o conjunto das culturas de seu tempo: letrada, popular e folclórica. Por isso, o "Autor" fracassa na busca pelo ideal; por isso, ela se torna, segundo os críticos, "inautêntica". Por isso, Rousseau e a ópera, até certo ponto, degradam-se. Em poucos trechos, por meio de breves frases, silêncios e reticências, sabemos tudo sobre ela quase sem perceber: seu trânsito por distintos ofícios remunerados, suas mudanças nos critérios de decoração, vestuário e gostos musicais, e até mesmo sua recém-desenvolvida capacidade de apreciar ruínas como ruínas (ou seja, como cenário, e não como escombros). Nerval revela-se, assim, um mestre inigualável na representação econômica, porém densa, da trama social.

Essa densidade parece contradizer os códigos de uma *nouvelle* fantástica, que geralmente é construída com cortes bastante estilizados, sem caracterizações concretas. Apesar de sua leveza, o relato desdobra vidas nas quais cada elemento contém uma dosagem calculadíssima de realidade. Talvez esse cálculo passe despercebido devido à ramificada organização temporal das sequências de Nerval: parte-se de um presente convencional e remonta-se ao passado, mas, uma vez alcançado o mais longínquo desse passado, avança-se de novo para esse presente, que, por sua vez, recobre-o e bifurca-o, projetando-o para um outro presente, o do breve capítulo XIV ("Última página"), onde o relato se congela em uma senilidade antecipada e beatífica dos protagonistas.

Tudo começa durante a ressaca da Revolução de 1848: "Vivíamos então numa época estranha, como costumam ser as que ordinariamente sucedem às revoluções ou às quedas dos grandes reinados" (Nerval, 2012, p. 8).

Esse declínio da autenticidade enérgica – a dos heróis ou dos reis –, substituída pela inautenticidade burguesa, ganha corpo no jogo de múltiplas substituições – oníricas, literárias e históricas – ao longo do romance. Esse jogo é alimentado pela personagem de Sylvie, embora, na maioria das vezes, a relação entre as substituições e essa personagem seja obscurecida pelo andaime espectral das obsessões que Nerval transformou, mediante os sofrimentos de seu narrador, em um renomado e persuasivo imaginário romântico.

O triunfo da garota como leitora é inesperado, porque seu destino parece ser outro: o de um símbolo de degradação filisteia. Como símbolo, ela é um representante bifurcado da morte, semelhante, aliás, a outros que Nerval utiliza: rostos femininos intercambiáveis, destinos etéreos, agilmente levados e trazidos de acordo com as exigências do narrador, conchas que expressam a capacidade letal feminina de promover a vida e, ao mesmo tempo, abraçar a morte. Além de ser um símbolo de desgraça para o narrador, Sylvie deveria encarnar também sua própria desgraça: a de uma donzela seduzida e abandonada, subjugada pelo senhor do castelo. Há muitos castelos em *Sylvie*, mas todos estão vazios.

Tradicionalmente, a donzela é enganada, ultrajada, exilada ou morta, abandonada pelo senhor e repudiada pelo seu próprio povo. Embora o desenrolar da história não siga esse curso esperado, Nerval começa pela sedução e pelo abandono de Sylvie por parte do herói. Depois, em vez da queda da virgem, aqui se apresenta, com um assombro contínuo do qual o próprio narrador parece compartilhar: é a "superação" de Sylvie, para usar um termo que soa como manual de autoajuda.

Detenhamo-nos nesse processo. Sylvie não é bonita na adolescência; depois, torna-se bela. É seduzida, mas se casa e prospera. É ingênua na juventude e se torna mundana. É muito pobre, mas trabalha e ganha dinheiro. É filha de camponeses, mas não se submete a esse destino predeterminado: primeiro, torna-se rendeira; depois, fabricante de luvas. Seus pais têm mãos escurecidas e ásperas; ela as mantém brancas e delicadas: "Desde que se dedica a seus finos rendados, é considerada já como uma senhorinha, enquanto seus pais seguem sendo simples camponeses", diz-se na página 21. Um pouco mais adiante, o narrador, assombrado, pergunta:

> – Não está hoje ocupada com o seu tear? – perguntei à Sylvie.
> – Oh! Não faço mais rendas! Deixaram de encomendá-las. Mesmo em Chantilly a fábrica fechou.
> – Em que se ocupa então?
> Ela foi buscar num canto do quarto um instrumento de ferro que parecia uma longa pinça.
> – Que é isso?
> – É o que chamamos uma *mecânica*. Serve para esticar a pele das luvas enquanto as costuramos.
> – Ah, então agora faz luvas?
> – Sim, trabalhamos aqui para Dammartin; e por ora está rendendo bem. Mas hoje não tenho nada pra fazer, vamos aonde quiser. (Nerval, 2012, p. 35)

No folhetim – e também no romance realista –, o destino fatalmente a levaria à prostituição, à submissão matrimonial ou à mendicância; aqui, o que a espera é o bem-estar laboral.

A essas transformações soma-se outra, não menos significativa: a mudança em sua condição de leitora. Na adolescência, a jovem se deixava guiar pelo narrador e, embora só tivesse lido folhetins, agora escuta atentamente os fragmentos de Rousseau que ele lhe recita:

> Às vezes encontrávamos sob nossos pés as pervincas tão amadas por Rousseau, abrindo as suas corolas azuis por entre longos ramos de folhas duplas, lianas modestas que prendiam os pés furtivos de minha companheira. Indiferente às lembranças do filósofo de Genebra, ela buscava aqui e ali morangos perfumados, enquanto eu lhe falava da *Nova Heloísa*, recitando de cor algumas passagens.
> – É bonito esse livro? – perguntou.

> – É sublime.
> – Melhor do que Auguste Lafontaine?
> – É mais delicado.
> – Ah, então preciso ler. Direi ao meu irmão para me trazer esse livro na próxima vez que for a Senlis.
> E eu prosseguia recitando trechos da *Nova Heloísa* enquanto Sylvie colhia morangos. (Nerval, 2012, p. 22-23)

Quem era Lafontaine e por que Sylvie o havia lido? O alemão August Lafontaine foi preceptor, pastor e autor de cerca de 150 relatos de "literatura trivial", ou seja, do romance sentimental moralista típico da tradição germânica do final do século XVIII. "Trivial" quer dizer, no sentido literal, algo conhecido por todos. De fato, Lafontaine contava com reis, aristocratas e até criadores da "literatura alta" da época entre seus leitores confessos: um de seus grandes sucessos foi *Clara Du Plessis e Klairant: uma história familiar de emigrantes franceses* (1794). Ele foi lido por Wieland, elogiado por Herder e até visitado por Goethe, que, em 1802, decidiu estudar seu método de trabalho. Lafontaine era progressista, iluminista moderado, atento ao registro minucioso de pequenos fatos, aparentemente insignificantes, mas reveladores da nova sensibilidade da burguesia urbana e da nobreza rural: os conflitos de classes atravessados pelo amor eram sua especialidade. E a heterogeneidade de seus leitores mostra que, naquela época, a separação entre diferentes públicos ainda era apenas incipiente:

> As primeiras bibliotecas públicas francesas que se estabeleceram durante a Terceira República evidenciavam uma preferência esmagadora pela ficção. Até nos quiosques das estações ferroviárias e nas bancas de jornais e almanaques a ficção também superava as outras vendas. (...) As bibliotecas circulantes com mensalidades pagas mantêm o mesmo modelo das abertas aos pobres. Homens e mulheres mostravam preferências similares, apesar de parecer haver ligeiros indícios de que as mulheres gostavam mais de romances que os homens; entre as formas especializadas que apareceram antes da

Primeira Guerra Mundial, encontra-se o "romance feminino". (Vincent, 2000, p. 120)

Dois pontos devem ser destacados nessas observações. Primeiro: os "indícios" de que "as mulheres eram mais afeitas aos romances do que os homens" eram quase imperceptíveis nas primeiras décadas do século XX: Vincent situa a emergência da forma especializada do "romance feminino" apenas na década anterior à Primeira Guerra Mundial. Segundo: consequentemente, o desenvolvimento da diferenciação de públicos ocorre tardiamente, no início do século XX. Portanto, nos primeiros anos do século XIX, Lafontaine não era um escritor exclusivamente para mulheres ou para as classes menos cultas, mas pertencia a uma densa e abundante linhagem de romancistas cujos leitores abrangiam todas as camadas sociais e cujas obras serviam de espelho para a grande literatura; ele parece fazer, por assim dizer, uma prospecção do terreno que, logo em seguida, os grandes transformariam em um turbilhão deformado e instável, como se extraíssem do fogo do presente um imenso sopro de futuro.

Para voltar a Sylvie: como os escritos de Lafontaine chegaram às mãos de uma filha de camponeses que sabe ler, que é artesã e que vive a cinco horas de diligência de Paris? A partir de 1800, os romances do bem-sucedido pároco já haviam sido traduzidos para todas as línguas europeias e atravessado todas as fronteiras. Não apenas as políticas. Lafontaine é anterior à aparição e expansão do mercado do livro de bolso – entre 1800 e 1850 –, mas sua produção foi incorporada a essa poderosa engrenagem, com seus novos modos de captação de consumidores. Entre estes, estavam as sociedades de leitores, tanto na Alemanha quanto na França, restritivas quanto ao conteúdo – romances não eram admitidos – e seletivas na admissão de sócios: aceitavam apenas homens com renda estável. As cotas exigidas destinavam-se à manutenção dos fundos das associações, embora elas não tivessem fins lucrativos. As bibliotecas circulantes, ao contrário, foram inventadas para gerar lucro e, no início, eram bastante caras, mas a cobrança de mensalidades facilitou, por isso mesmo, a feminização (ainda que limitada) de seus sócios. É possível que houvesse uma sociedade de leitores em Senlis, embora fosse pouco provável que continuasse ativa após a Restauração e as revoluções de 1830 e 1848. Em compensação, é muito verossímil que as já envelhecidas obras de Lafontaine tenham chegado até lá, desprezadas pelas bibliotecas circulantes das metrópoles, que se dedicavam a novidades mais recentes e caras.

Em meados do século XIX, os acervos de literatura de entretenimento das bibliotecas circulantes, que também podiam ser encontradas em bancas da periferia parisiense e nas pequenas cidades do interior, eram abastecidos pelos excedentes desprezados pela metrópole: "Os exemplares circulavam, de fato, de cima para baixo, até serem finalmente liquidados nas bibliotecas circulantes" (Naumann, 1989, p. 579).

Se prestarmos atenção ao diálogo entre o narrador e Sylvie, perceberemos nele a possibilidade de que Rousseau estivesse acessível na provável biblioteca ou banca circulante de Senlis; essa possibilidade se transforma em fato mais adiante, quando Sylvie cita Jean-Jacques. Antes de chegar a essa sequência, porém, é necessário destacar que, nesse primeiro diálogo, surge ainda uma terceira hierarquia que a avidez da jovem também desmontará: "Esse livro é bonito?", pergunta ela; "É sublime", responde ele. Sylvie é incapaz de captar o significado de "sublime" e, por isso, recorre ao velho procedimento analógico, comparando com Lafontaine. O narrador, por sua vez, responde rebaixando "sublime" a "delicado", o que é irônico. E os leitores de *Sylvie* sabiam disso; em 1850, a correlação entre "sublime", "bonito" e "delicado" já era burlesca. Em princípio, "sublime" ainda significava, sobretudo, "grandioso", e sua antítese não era "bonito" ou "delicado", mas sim "belo". Justamente aí, Nerval parece expressar – como muitos outros – o momento em que essa equivalência se rompe. Um exemplo: em Flaubert, o termo já está totalmente degradado em *A educação sentimental* (1867); na boca de Frédéric, soberbo e horrorizado, "sublime" serve para qualificar ironicamente a plebe parisiense que saqueia os palácios e bebe o vinho das adegas reais.

Essa degradação acelerada das hierarquias estéticas é uma característica da sensibilidade moderna, que, no fundo, funciona como um sistema de leitura que tende a triturá-las: trata-se de uma disposição intelectual e existencial definida pelo gosto literário, que deve ser inclusiva, consciente tanto do que está dentro das normas elevadas quanto do que fica de fora. O narrador de Nerval sabe que ainda existem dois âmbitos separados, o do bonito e o do sublime. Sylvie ainda não entende isso, embora, ao mesmo tempo, compreenda – como uma alma moderna – que deveria entender. Quando esse momento chegar, quando as duas esferas estiverem ao alcance da garota, a diferença desaparecerá, sobretudo a rígida separação entre o "bonito" e o "sublime".

Por isso, Sylvie não permanece fixada nessa primeira imagem de rendeira. O tempo passa; e, em outros encontros com seu amante parisiense, ela já leu Rousseau – seu irmão o conseguiu em Senlis – e modificou sua relação amorosa com o narrador a partir dessa leitura:

> – Sylvie – disse eu –, você já não me ama!
>
> Ela suspirou.
>
> – Meu querido, é preciso conformar-se. As coisas não acontecem na vida como queremos. Uma vez você me falou da *Nova Heloísa*. Pois bem, li-a e estremeci ao deparar com esta frase: "Qualquer moça que ler este livro estará perdida".[8] Apesar disso, fui adiante, confiada no meu discernimento. Você se lembra do dia em que vestimos as roupas de casamento de minha tia?... As gravuras do livro apresentavam também os namorados com os velhos trajes do passado, de modo que para mim você era Saint-Preux e eu me identifiquei com Julia. Ah, por que você não voltou, então? (Nerval, 2012, p. 30)

8 Ana María Moix indica: "Nerval, ao que parece, cita Rousseau de memória e de forma inexata. Na verdade, o texto a que se refere diz: '*Jamais fille chaste n'a lu de romans... celle qui, malgré cette titre, en ose lire une seule page est une fille perdue...*'" (Nerval, 1988, p. 76-77, nota da autora).

Sylvie não só educou sua alma com Rousseau como também transformou seu olhar a partir das leituras cultas:

> A paisagem se descobria à saída do bosque (...).
> – É uma paisagem de Walter Scott, não é? – disse Sylvie.
> – E quem lhe falou de Walter Scott? – perguntei. Deve ter lido muito nestes últimos três anos... Por mim, procuro esquecer os livros, e o que me encanta é revermos juntos essa velha abadia onde, crianças, nos escondíamos nas ruínas. (Nerval, 2012, p. 38)

E de Senlis chegaram também partituras:

> – Sylvie, Sylvie, eu juraria que você canta trechos de ópera!
> – Por que você não gosta?
> – Porque gostava era das velhas canções e, na certa, não sabe mais cantá-las.
> Sylvie modulou alguns sons de uma grande ária de uma ópera moderna... Ela fraseava!... (Nerval, 2012, p. 38)

Se souber "frasear", a garota poderá competir, enganar, silenciar, administrar o domínio de dois âmbitos separados e novos; assim como agora sabe administrar sua voz, também administrará a esfera da alta cultura e da cultura popular, que começa a substituir a folclórica:

> – Ah, quero ouvir você cantar, Sylvie! (...)
> Ela repetiu então os versos e o canto depois de mim:
> *Anjos, descei prontamente*
> *ao fundo do purgatório!*
> – É bem triste – disse ela.
> – Sublime... Creio que é de Porpora, com versos traduzidos no século dezesseis.
> – Não sei – respondeu Sylvie. (Nerval, 2012, p. 39)

Observe-se que, aqui, o narrador diz "sublime" com seriedade. E ela admite que não conhece o termo nem sabe aplicá-lo, mas intui que pode ser sublime ao frasear ópera.

Será ela a utilizar agora a ironia:

> – Entregue aos seus pensamentos? – perguntou Sylvie, que logo começou a cantar:
>
> *Em Dammartin há três moças formosas;*
> *E uma delas é mais bela do que o sol...*
>
> – Ah, traidora! – exclamei. – Vê como ainda sabe velhas canções?
>
> – Se você viesse aqui com mais frequência, talvez se recordasse... Mas devemos pensar no que é prático. Você tem as suas ocupações em Paris e eu tenho o meu trabalho; não vamos voltar muito tarde: preciso estar de pé amanhã com o nascer do sol. (Nerval, 2012, p. 40)

Para quê Sylvie se torna leitora? Poder-se-ia argumentar que sua ambição é puramente instrumental, que deseja se aprimorar no trato com os homens, guiada apenas pela curiosidade amorosa que o narrador desperta nela: essa seria sua iniciação por meio de Rousseau. Mas, um pouco mais adiante, ela também incorpora Walter Scott, e então, definitivamente, já não é apenas a garotinha esperta que se prepara para a guerra dos sexos. Ela passou de filha de camponeses – alguém que vive na e para a natureza, mas que, justamente por isso, carece do sentimento moderno e urbano sobre ela – para leitora hedonista e ociosa, treinada para enfrentar seu próprio entorno, desvinculando-se das relações de estrita necessidade que, como descendente de camponeses, antes mantinha com ele. Ao olhar para o mundo com os olhos de Scott, a jovem transforma o entorno em paisagem e o entulho em ruína.

Após o "não sei" de Sylvie, algo inesperado acontece. Até aquele momento, em todas as áreas – decoração, leituras, música –, o narrador estava à frente da jovem. Mas, ao longo de suas sucessivas visitas ao interior, ele descobre que a metrópole já chegou à província. No capítulo X, em seu terceiro encontro com Sylvie, ela já não é mais rendeira, mas agora se dedica à fabricação de luvas:

> Fez-me subir ao seu quarto com a mesma ingenuidade de outrora (...). O quarto era decorado com simplicidade e, no entanto, os móveis eram modernos. Um espelho de moldura dourada substituía o antigo vão da janela onde se via um pastor idílico oferendo um ninho a uma pastora em azul e rosa. O leito de colunas castamente forrado com uma colcha de Chita da Pérsia com ramagens fora trocado por uma pequena cama de nogueira guarnecida de cortinados; na janela, a gaiola, onde antes havia toutinegras, encerrava agora canários. (Nerval, 2012, p. 35)

O narrador se incomoda com o fato de que Sylvie tenha abandonado o gosto plebeu pelo pastoral, cuja imagem reificada era oferecida pela aristocracia a seus súditos no Antigo Regime: com ingenuidade encantadora, os camponeses adotavam essa imagem sem perceber que, ao fazê-lo, fechavam o ciclo da reificação. Em vez da cornucópia, que parodicamente duplicava os camponeses reais, substituindo-os por pastores e pastoras em efígie, agora o espelho de moldura dourada reflete a imagem verdadeira de Sylvie. E, com ela, os atributos extériores de sua mobilidade social, atributos instáveis, mutáveis, descartáveis e, como observa Paul Bénichou (1992, p. 438), com certa melancolia, "prosaicos".

Mas o aspecto abismal da mudança, seu caráter definitivo e temível, está na substituição das toutinegras, aves insetívoras e, portanto, úteis, por canários, pássaros ornamentais, criados para o deleite da casa próspera. Agora, ela se torna uma figura ameaçadora para o narrador. Ela não somente transformou seu corpo – preservando as mãos brancas –, não apenas ampliou sua capacidade para diferentes ofícios – da renda de bilros à fabricação de luvas –, mas multiplicou e hierarquizou sua educação estética, seja como consumidora, como leitora ou como intérprete – cantora amadora que retém o folclórico e incorpora a ópera.

A inquietude do narrador não provém da vaga ameaça de Adrienne, a morta, que de repente faz esvoaçar os vestidos ou se deixa ver nos gestos de mulheres vivas, como Aurélie. Não: é Sylvie quem o faz emudecer. Ele sente apreensão, mas uma apreensão diferente daquela experimentada diante das sombrias e vorazes encarnações do eterno feminino, como Aurélie e Adrienne. O momento está primorosamente delineado, embora pareça casual: "Retornamos pelo vale... A estrada estava deserta; tentei falar de coisas que guardava no coração; mas, não sei por que, só encontrava expressões comuns, ou então, algumas frases pomposas de romance, que Sylvie poderia ter lido..." (Nerval, 2012, p. 39).

O narrador fica calado diante da jovem, mas seu silêncio não é causado pelo temor do fantástico desconhecido, e sim pelo demasiado conhecido. Como suportar que ela reconheça duas linhas de qualquer livro cujo conhecimento deveria estar reservado apenas a ele? "Só encontrava expressões comuns, ou então, algumas frases pomposas de romance, que Sylvie poderia ter lido...". Sylvie roubou o fogo, como Prometeu. Ela recusou seu destino previamente traçado: deveria ser camponesa e, no máximo, fiandeira, mas tornou-se rendeira e luveira; deveria ser leitora de folhetins, mas aprendeu a usar Rousseau; deveria encantar o cidadão da metrópole entoando árias da sua terra, mas fraseou ópera; deveria se contentar com um arremedo de lar pastoril – arremedo, por sua vez, imposto de cima como um simulacro de cabana de camponês –, mas decorou sua casa com móveis modernos. Ela realiza, multiplica e, sobretudo, desloca o jogo de substituições femininas, que aparentemente é a obsessão central de Nerval. Mas o faz nos interstícios da trama principal, como se, para além de qualquer plano explícito, uma força cega prefigurasse a leitura do futuro.

Paul Bénichou afirma que Sylvie é a mais notável de todas as *nouvelles* da literatura francesa e que, nela, relata-se, com arte delicada e serena, o tormento fundamental da vida de Nerval. Esse tormento se expressaria sob a forma de uma parábola: a impossibilidade da felicidade no amor. A parábola se serviria de dois tipos femininos: a mulher idealizada (Adrienne, Aurélie) e a mulher real (Sylvie). Bénichou (1992,

p. 444) a compara com outras mulheres de Nerval: "filhas de Valois e de pequenas cidades, cantoras de canções populares transmitidas oralmente". Além disso, ele adverte que ela não está ancorada no passado; seu perigo é duplo, pois ela é uma infatigável vivente do presente. Essa é sua felicidade, que Bénichou considera, heuristicamente, a serviço da visão do narrador. Ao apresentá-la de maneira prosaica, o crítico atribui ao relato uma maior capacidade de decepção. Na medida em que ela se apega ao presente, cresce e se acentua o contraste com a nostalgia da quimera em que flutua o narrador.

A paixão de Sylvie pelo presente é mais do que um instrumento voluntário a serviço do projeto nervaliano: é um achado, uma iluminação. Por meio de sua composição, talvez involuntária, Nerval permite que seja encarnada uma figura nova da leitura, que é também uma figura do novo feminino: prosaica, intermitente, contemporânea de eternos femininos mais fáceis de captar e descrever – a perdida, a adúltera –, mas muito mais temível. Sylvie não se engana e não pode ser enganada. Ela nunca perde a cabeça: após cada ausência do amante, mostra seus progressos laborais e intelectuais. E um dos mais significativos, embora pouco ostensivo, é o que experimenta como leitora: de ingênua camponesa a compradora de livros e crítica irônica, capaz de usar um léxico especializado e de distinguir entre gêneros literários e circuitos de consumo. Por isso, é ela, como antagonista e leitora, quem complementa Lucy Snowe, protagonista e leitora.

5. A leitora como relato de origem da modernidade: *Villette* de Charlotte Brontë

Há quatro relatos de origem da modernidade cuja existência é inegável, irrefutável. O primeiro, fabricado pelos sonhos científicos do doutor Frankenstein, encarna-se no monstro, que se torna devoto de Goethe; o segundo é o vampiro Drácula, leitor decadente do corpo dos vivos, que goza de uma sexualidade que tudo penetra e difunde, apagando as fronteiras entre a vida e a morte; o terceiro é o doutor Jekyll, que, por meio de seu conhecimento, gera dentro de si mesmo o senhor Hyde, cujo resultado é o homem comum de duas faces, submisso e violento, antagonista e expressão da multidão do século XIX; o quarto é o da mulher fatal, Carmen, a analfabeta que fala em caló, a linguagem dos ciganos espanhóis, e que exibe uma feminilidade ameaçadora.

Existe um quinto relato de origem da modernidade: o da nova mulher leitora. E *Villette* (1853), de Charlotte Brontë, é o romance onde essa figura se cristaliza. Um romance estranho, de múltiplas camadas: retrato dos costumes de uma cidade católica, descrita por uma mulher protestante, romance autobiográfico, discurso sobre a conquista do planeta pelos impérios britânico e francês, teoria sobre as mulheres e seu acesso à leitura e, por último, um esboço de psicologia feminina, à maneira dessas fenomenologias da conduta individual que são, sem dúvida, os grandes romances do período. *Villette* é tudo isso e, ao mesmo tempo, uma refutação controlada do folhetim, disputando com o gênero gigantesco o domínio sobre os mecanismos da ficção. *Jane Eyre*, o romance mais conhecido de Brontë, é, até certo ponto, um folhetim e, também até certo ponto, uma rendição a alguns de seus recursos mais persuasivos. Já *Villette* abandona o esplendor melodramático e gótico de *Jane Eyre* e, ao mesmo tempo, propõe outros.

A figura da nova mulher leitora surge, precisamente, afastando-se do folhetim, gênero que a própria Brontë utilizou e cujo sucesso, como já foi dito, deve-se à compensação psicológica que proporcionava, e ainda proporciona, às almas simples, ao transformar órfãos em grandes herdeiros, crianças órfãs em príncipes, Cinderelas em princesas. Mas esse quadro é enganosamente simples. Na realidade, tanto as grandes ficções realistas quanto os folhetins, que começaram a se popularizar no início do século XIX, colocam em marcha a universalização do valor da vida individual, ao ligá-la de forma indissociável ao curso da história por meio da intriga romanesca. A noção de que a vida individual – já não a casta – participa da história como tal é característica do século XIX; e essa noção não se popularizou por meio da filosofia ou da religião, mas sim pela leitura de romances; tanto grandes romances quanto folhetins. Sob essa perspectiva, não há uma diferença tão grande entre uns e outros.

Há mais razões que explicam o intenso dinamismo que o folhetim teve no passado e que conserva até hoje. Primeiro, porque ele postula, como vimos, um vínculo necessário entre o homem anônimo e o desenvolvimento das forças coletivas; um vínculo ascensional, não horizontal. Ralph Waldo Emerson ajudou a consolidar essa relação, cujo herói indiscutível foi Napoleão Bonaparte, abençoado pela sorte de seu tempo. Ao morrer, Napoleão foi qualificado como herói democrático por excelência:

> Em nossa sociedade existe um visível antagonismo entre a classe democrática e a conservadora; entre os que fizeram suas fortunas e os jovens e pobres que tem suas fortunas por fazer; entre os rendimentos do trabalho morto – isto é, trabalho proveniente de mãos há tempos quietas e enterradas e cujos frutos se encontram agora no dinheiro, na terra e nos edifícios de capitalistas preguiçosos – e os interesses do trabalho vivo, que se afana por apropriar-se dos edifícios, das terras e do dinheiro. A primeira classe é tímida, egoísta, antiliberal e odeia a inovação; a morte lhes tira adeptos. A segunda classe também é egoísta,

> entusiasta, decidida, confiante em si mesma, sempre querendo superar os outros; com cada nascimento aumenta seu número. Deseja manter abertas todas as vias para a competição de todos; deseja multiplicá-las; é a classe dos homens de negócios na América, Inglaterra, França, em toda a Europa; a classe da indústria e do ofício. Napoleão é seu representante. O instinto próprio desses homens ativos, valentes e destros e essa classe média, seja de onde for, proclamou Napoleão a encarnação da Democracia. (Emerson, 1983, p. 727)

Atento observador do passado, Antonio Gramsci apontou a dívida dos seguidores de Nietzsche – ele próprio leitor de Emerson – para com os folhetins:

> E o próprio Nietzsche não terá sido de algum modo influenciado pelos romances de folhetim franceses? De qualquer modo, parece que se pode afirmar que muito da suposta "super humanidade" nietzschiana tem como origem e modelo doutrinário não Zaratustra mas o *Conde de Montecristo*, de A. Dumas (...). Do mesmo modo, quando se lê que alguém é admirador de Balzac, é preciso estar atento: também em Balzac há muito do romance de folhetim. A seu modo, Vautrin também é um super homem, e o discurso que faz a Rastignac no *Pai Goriot* tem muito de... nietzschiano em sentido popular; o mesmo deve ser dito de Rastignac e de Rubempré. (Gramsci, 2007, p. 55-56)

Para Gramsci, a essência do folhetim está na aventura, não no sentimento; e a aventura é masculina. Característica principal dessa essência, herdeira da picaresca, é a independência do personagem em relação ao autor – como Fantômas, Conde de Monte Cristo, Sherlock Holmes. Uma grande quantidade de romances posteriores manteve e ainda mantém esse tipo especial de personagem – "autor-narrador" – que adota a perspectiva pseudomoral dos heróis de folhetim. Reconhecemos sua voz de imediato: é a do perdedor idealizado que finge rejeitar o mundo, mas que, na realidade, o vive com a intensa e ingênua convicção do super-homem folhetinesco. Um hieratismo um tanto artificial acompanha esse duplo movimento de identificação, que poderia até mesmo explicar o sucesso de Meursault, o protagonista de *O estrangeiro*, de Camus.

Este é o mecanismo bonapartista na construção formal e social do personagem masculino de folhetim: um personagem que atravessa verticalmente as camadas sociais para alcançar o poder ou, ao menos, viver em sua órbita. A jornada vertical reproduz, com suas reviravoltas do destino e súbitas aparições de mensageiros que alteram a trajetória dos personagens, a capacidade bonapartista de transitar de um estado ao outro (de militar a político, de cônsul a imperador, de imperador a marechal) e de uma classe a outra. Mas, nos folhetins escritos por mulheres – e protagonizados por esse setor imaginariamente poderoso –, a viagem vertical se transforma em viagem horizontal: os nós da narrativa não se formam ascendendo na escala social, e sim atravessando-a em sua superfície, passando de um lugar de submissão a outro.

Charlotte Brontë utiliza com abundância esses nós narrativos ou reviravoltas horizontais do destino em *Jane Eyre*, o mais famoso de seus romances: a órfã e sem graça preceptora que se casa com o aristocrata quase bígamo, Rochester, deixando pelo caminho a esposa caribenha louca, enclausurada nas ameias do castelo e convenientemente morta no final. Em contraste, ela quase não o faz em *Villette*.

Essa reticência, talvez involuntária, em relação à técnica e aos procedimentos do melodrama é muito importante. Mais que isso: é algo que torna esse romance singular entre muitos romances ingleses de meados do século XIX; e essa singularidade está ligada à finalidade e aos objetivos da leitura dentro do romance. *Villette* é Bruxelas, onde Brontë foi professora na academia de monsieur e madame Heger. A narradora e personagem central é Lucy Snowe, que, após ter crescido e sido sustentada e educada por pais pobres, porém esforçados, fica órfã e sem amigos. A princípio, ganha a vida como acompanhante de uma senhora enferma. Após a morte dela, Lucy atravessa o Canal da Mancha, onde se torna governanta dos filhos de madame Beck e, mais tarde, professora na escola de senhoritas. Ela consegue, mesmo sendo inglesa e protestante, conquistar o respeito de professoras e alunas; o romance explora, desde o início, o conflito entre a ética anglicana e os costumes católicos.

A vida afetiva de Lucy é um longo caminho de aprendizado da frustração, uma modulação singular e feminina do aprendizado da decepção que define o romance moderno. Primeiro, ela se sente atraída pelo charmoso médico John Bretton, embora se resigne ao papel de observadora de seus diversos devaneios: primeiro com Ginevra Fanshawe e, depois, com uma amiga de infância, Pauline Home. Aos poucos, o afeto de Lucy se transfere lentamente para monsieur Paul Emanuel, primo de madame Beck, um personagem muito parecido com o detetive Hércules Poirot, de Agatha Christie. Por meio desse professor de literatura, mentor e também censor de suas leituras, Lucy se torna diretora de sua própria escola. Ele, por sua vez, parte para fazer fortuna nas Índias Ocidentais, evidenciando, pela simples menção à viagem, a desordem moral que sustenta a ordem burguesa, a rapacidade escravista velada em muitos romances do século XIX, como assinala Edward Said. Três anos depois, ele anuncia seu retorno: o romance termina na noite anterior à sua chegada; nem Lucy Snowe nem seus leitores sabem o que acontecerá.

Todo romance é uma antologia do possível, e não um relato do acontecido, dizia Albert Thibaudet; o possível ao alcance de qualquer um, inclusive de Lucy Snowe. Mas *Villette* é um desses romances em que essa questão se torna claramente um problema para o leitor, porque o possível parece muito pouco. Não há surpresas nem reviravoltas do destino, não há clímax. Aqui, a moça feia não se transforma em herdeira rica, nem o amor a torna bela. Há apenas pequenos desenlaces, há um fantasma que não é fantasma, há criadas, professoras e donzelas que sofrem, há ciúmes, há um pretendente feio, maduro e baixinho – esse Hércules Poirot que parte para as Índias Ocidentais. *Villette* narra um processo de educação lento e medíocre; Lucy Snowe não passa de um estado de carência radical à ruína definitiva ou à ascensão social e amorosa, mas à estabilidade: esse é seu triunfo, um triunfo absoluto, cujo outro extremo é o fracasso absoluto, o suicídio de Emma Bovary.

Sustentar um romance inteiramente sobre um desfecho como esse é algo prodigioso. Não apenas pela renúncia voluntária ao mecanismo folhetinesco, mas porque o aprendizado precisa se tornar convincente sem depender das surpresas de uma trama cheia de reviravoltas e saltos dramáticos. O que substitui essas reviravoltas e saltos? Antes de responder, precisamos nos deter em um trecho altamente revelador do romance, em que a protagonista, ao comparecer pela primeira vez na vida a uma grande recepção, não se reconhece diante do espelho:

> Reparei neles todos, tanto na terceira pessoa como nas outras duas e, durante uma fração de um momento, julguei-os estranhos, recebendo assim uma impressão imparcial da sua aparência. Mas, essa impressão mal foi sentida e não chegou a ser fixada antes que a consciência de que eu estava diante de um grande espelho, que preenchia um compartimento entre dois pilares, a dissipasse: o grupo era o nosso próprio. Assim, pela primeira e talvez a única vez na vida, desfrutei do dom de me ver como os outros me viam. Não há necessidade de me debruçar sobre o resultado que só me trouxe dor e arrependimento. Não era lisonjeiro, mas, depois de tudo, eu deveria ser grata, podia ser pior. (Brontë, 2016, p. 179)

Esse dom de nos vermos como os outros nos veem, graças a um espelho que esconde sua própria condição de espelho, é uma imagem verossímil da experiência da leitura: sobretudo, da leitura de romances. Está tudo ali, no espelho de Lucy Snowe. Há um grupo de personagens, há ação, há um espaço de representação que se apresenta como "real", quando, na verdade, é apenas um espelho; não falta nenhum dos elementos característicos da ficção folhetinesca, mas todos mudaram de signo. O sempre discutível sentido moral da leitura de romances vem dessa remota possibilidade de adquirir conhecimento, além de diversão e consolo. O conhecimento, sugere Brontë, só virá da leitura se ela puder se libertar do mecanismo de identificação: quando um romance nos permitir nos vermos como os outros nos veem – como Lucy Snowe se vê quando não se reconhece no espelho –, quando, por um momento, suspende-se o encantamento especular entre nós, como indivíduos, e o romance como espelho.

Villette é um antifolhetim, um relato de suspensão do encantamento e de horizontalidade social; é, portanto, um relato do surgimento da mulher diante do espelho, como força objetiva, efetiva e real na história moderna e como sujeito capaz de discernir esse papel: "pela primeira e talvez a única vez na vida, desfrutei do dom de me ver como os outros me viam".

Essa passagem é reveladora, pois insiste na contemplação e no deciframento da própria imagem; e porque é precedida e seguida por diversas cenas de aprendizado da leitura e da escrita, bem como por discussões sobre autores. *Villette* suspende o encantamento porque expõe abertamente a luta pelo domínio sobre a leitura, apresentada como o principal modo de vínculo intersubjetivo. A princípio, parece o contrário: o que se capta é o sub-reptício e obsessivo controle sobre Lucy Snowe exercido por seu pretendente, o severo mentor que fiscaliza suas leituras, entra em seu quarto e revisa suas anotações, folheia seus livros, retira alguns e os substitui por outros, sente um ciúme terrível de certas atividades de sua discípula, como quando ela traduz Schiller junto com sua professora de alemão... Porém, ao final, o mentor e Lucy travam, por várias páginas, uma briga decisiva. Monsieur Paul Emanuel irrompe em uma aula do internato, toma um dos trabalhos de Lucy e decide fazer uma leitura em voz alta diante do grupo de alunas: "Para sua infelicidade, ele havia escolhido uma tradução francesa do que chamou de 'um drama de William Shakespeare, *le faux dieu*' – e anunciou em seguida –, '*de ces sots païens, les Anglais*' (o falso deus desses pagãos tolos, os ingleses)" (Brontë, 2016, p. 281).

Após mais de quatrocentas páginas construindo a posição da jovem humilde que luta para justificar sua existência, aqui o tom de Lucy Snowe revela uma mudança. Autorizada por sua íntima e indiscutível admiração por Shakespeare, que não hesita em compartilhar com seus leitores ingleses, Lucy adota um tom irônico e transmite esse tom silenciosamente aos outros personagens, pois, às vezes, "podemos expressar uma opinião de outras formas além das palavras, quando estas estão proibidas": "Não fiz o menor esforço para esconder o desprezo que alguns de seus lapsos e erros pareciam calculados para provocar" (Brontë, 2016, p. 281-282).

Enquanto monsieur Paul Emanuel lê, ela não deixa de transmitir seu desdém pela insuficiência da tradução francesa de Shakespeare e pela incompetência de seu pretendente em compreendê-lo, ao mesmo tempo que continua bordando. Diante da tradicional incompetência francesa em compreender Shakespeare, representada por Paul Emanuel, aparecem as competências de Lucy Snowe: é capaz de ler Shakespeare e de compartilhar sua apreciação com seus leitores; consegue ser maternal com a fragilidade da tradução francesa, sem deixar de bordar. A simultaneidade entre leitura e trabalho manual é caracteristicamente feminina, à qual se contrapõe a tolice masculina, apesar de monsieur Paul Emanuel ficar, nesta cena, com a última palavra.

Outros confrontos se sucedem, enquanto Lucy se deleita ao descobrir, em seu modesto quarto, as marcas das incursões secretas de Paul Emanuel, que espia e vasculha os arredores de sua caixa de costura, um espaço que forma um verdadeiro arquipélago de livros:

> O fato não era duvidoso, nem ele desejava que assim o fosse. Ele deixava, a cada visita, sinais palpáveis e inconfundíveis; até agora, no entanto, eu nunca o tinha flagrado, por mais que vigiasse, nunca consegui detectar as horas e momentos de suas visitas. Eu via o trabalho do duende em exercícios deixados à noite, cheios de falhas, e encontrados na manhã seguinte, cuidadosamente, corrigidos; eu aproveitava da sua caprichosa amizade, uns empréstimos bem-vindos e agradáveis. Entre um dicionário pálido e uma desgastada gramática, magicamente, aparecia uma obra totalmente nova, ou um clássico doce como um fruto bem maduro. (Brontë, 2016, p. 292)

E umas linhas mais adiante:

> Do meu cesto de costura, espreitava, às vezes, risonhamente um romance, ou escondia debaixo dele um folheto, uma revista, de onde

> fora extraída a última leitura da noite. Impossível duvidar da fonte de onde brotavam aqueles tesouros ainda que não houvesse outra indicação, uma traidora peculiaridade, comum a todos eles, resolvia a questão: cheiravam a charuto. (Brontë, 2016, p. 292)

O tabaco corrompe os livros e torna impossível o acesso a eles, adverte Lucy com a mesma franqueza com que denunciaria o cheiro de um animal que tivesse marcado seu território na almofada de seu alfineteiro. Corrompe também a caixa de costura, que fica ao lado dos livros, esse espaço especial e híbrido, onde a agulha e a pena convivem desde que as mulheres começaram a escrever. Mas Lucy Snowe é uma hábil manipuladora das poucas possibilidades a seu alcance. Ela não se recusa a ler – já leu –, e sim se recusa a ler livros que cheiram a tabaco: talvez a leitura à qual aspira ou a qual está a seu alcance precise apagar todo traço erótico. Apesar de não ler – não tocar, não cheirar – esses livros, ela se comove com as marcas deixadas pelo professor – ao fim e ao cabo, são marcas de literatura –, por isso ela perdoa monsieur Paul Emanuel quando, surpreendido diante da mesa dela, ele percebe que seu cheiro masculino – o tabaco, na época era essencialmente masculino – comprometeu seu desejo oculto de educá-la. Como eliminar o tabaco e, portanto, o masculino? Paul Emanuel – inquisidor de si mesmo – se vê obrigado a fazê-lo, autoimolando-se como mentor, lançando ao fogo o livro contaminado pelo seu próprio cheiro. O sorriso de Lucy é condescendente? Está disposta a fingir que se submete ao derrotado? É uma ironia a respeito da própria fragilidade feminina ou seria uma generosidade forçada dos fracos, quando percebem que, mesmo que a batalha esteja perdida, começam a vencer a guerra?

Para vencer a guerra da leitura, Lucy Snowe se especializa em Shakespeare; e, por meio dessa legitimação crível, torna inteiramente convincente, para o leitor, a perspectiva feminina que exibe conhecimentos superiores aos de seu oponente. Lucy Snowe é capaz, como sujeito histórico, de submeter seu mentor à humilhação de perceber que ela compreende Shakespeare melhor do que ele; Paul Emanuel se revela um leitor deficiente da tradição inglesa e basta o desprezo condescendente de uma jovem para expor seu descrédito. O que vem depois – os galanteios, o cortejo, a espera de Lucy Snowe enquanto Paul Emanuel parte para as Índias Ocidentais para enriquecer – não tem outra função senão estender o triunfo de Lucy Snowe, ao transformar sua caixa de costura em um território hegemônico e alternativo, feminino – de livros e mantas, de penas e agulhas –, ao domínio ultramarino. Ela conquista seu território sem sair da Europa, enquanto o senhor Paul Emanuel deve imigrar.

Brontë tem plena consciência do significado das viagens, tanto em *Jane Eyre* quanto em *Villette*, e oferece pistas extraordinariamente eloquentes sobre o valor das saídas e entradas dos personagens. Na feroz disputa – marcada por cheiros masculinos, fogo, crueldades femininas, traduções deficientes e guerras de religião – pelo domínio da biblioteca de Lucy, tornam-se visíveis movimentos que vinculam a leitura à representação de valores históricos e de gêneros, bem como à oposição entre diferentes tipos de aprendizagem.

Para tornar essa disputa pelo domínio da letra impressa ainda mais intensa e decisiva, Brontë emprega, em *Villette*, uma cena de leitura que poderíamos chamar de "metaliterária": trata-se de uma evocação intrapoética, um episódio de puro teatro da literatura em relação a si mesma. Nesse caso, a evocação intrapoética assume a forma de uma intertextualidade incestuosa: um diálogo entre Charlotte e sua irmã, Emily, falecida em 1848, aos trinta anos. Vale destacar esse aspecto e sua localização no início do romance, pois trata-se de uma série de citações ocultas, que explicita vínculos infantis e paixões familiares calorosas.

A necrofilia é a paixão dominante em *O morro dos ventos uivantes*, a extraordinária e heterodoxa novela de Emily Brontë, que parece muito distante de *Villette*. No entanto, nesta obra aparentemente prosaica, e como motivo subjacente ao terceiro capítulo, Charlotte Brontë incorpora um poema de sua irmã Emily, "The Visionary", um autêntico transe erótico-tanático. Esse terceiro capítulo é um interlúdio que parece não ter uma função narrativa clara além de preparar o leitor para a partida de Lucy Snowe rumo à Bélgica, onde seu destino como professora e preceptora será decidido. Antes de partir para o continente, a jovem trabalha como cuidadora para Miss Marchmont, uma velha aparentemente egoísta e de coração frio. Antes de morrer, a velha confessa à jovem que ela nem sempre foi assim, e que o que a marcou para sempre foi a perda prematura de seu noivo. Abandonando sua discrição diante da presença iminente da morte, ela descreve, para a assombrada Lucy, como o amor de sua vida morreu em seus braços, após atravessar os campos gelados em uma noite de inverno implacável:

> Mas, eu estava de joelhos na neve, ao lado de *algo que estava lá, algo que eu tinha visto arrastado pelo chão, algo que suspirou, que gemeu no meu peito* e que eu ergui, puxando-o para mim (...). Você vê que eu ainda penso mais em Frank do que em Deus, e, a menos que me seja levado em conta que, amando-o tanto, por tanto tempo, e de forma exclusiva, eu não tenha pelo menos blasfemado contra o Criador, pequena é a minha chance de salvação. (Brontë, 2016, p. 34-35, grifos meus)

A paixão pagã da velha – que a tornou egoísta e cruel – evoca a paixão selvagem de Heathcliff e Catherine em *O morro dos ventos uivantes*: "penso mais nele [Frank] do que em Deus". Além disso, no encontro agonizante com seu amado, a velha não se refere a ele como "ele", mas como "algo", "algo" que jaz sobre a neve e que corresponde a "*algo que gemia e se queixava dentro de mim*": uma correspondência sobre-humana na qual desaparecem identidade e gênero. Esse tom de *pathos* sublime não pertence a *Villette*, mas sim à própria Emily. Não apenas em *O morro dos ventos uivantes*, mas também em "The Visionary", um de seus poemas mais significativos, que sua irmã venerava e que esse episódio de *Villette* claramente evoca. Vale a pena compará-los. Em *Villette*, Miss Marchmont diz:

> Posso reviver agora aquele momento. Revejo o crepúsculo de neve que entrava pela janela em que a cortina não estava abaixada, porque eu a projetei para vê-lo chegar a cavalo pela estrada branca. Vejo e sinto a luz do fogo que me aquecia suavemente; revejo-me em meu vestido

de seda mostrando caprichosamente a minha imagem num espelho. Eu vejo a lua flutuar numa calma noite de inverno, branca e fria, sobre uma massa escura de arbustos e da relva prateada do jardim (...). Mas, eu estava de joelhos na neve, ao lado de *algo que estava lá, algo que eu tinha visto arrastado pelo chão, algo que suspirou, que gemeu no meu peito* e que eu ergui, puxando-o para mim. (Brontë, 2016, p. 33-34, grifos meus)

Diz o poema de Emily Brontë (2014, p. 127):[9]

Silente está a casa: as pessoas dormem descansadas:
Só uma perscruta as densas coroas nevadas;
Vigiando cada nuvem, temendo cada brisa uivante
Que verga as árvores murmurantes e rodopia errante.

Alegre é a lareira, macio e atapetado o chão;
Nenhuma rajada arrepiante entra pela janela ou pelo portão;
Arde aprumada a lamparina, forte e longe a sua chama alumia;
Espevito-a bem, para ser do Viajante estrela-guia.

Impõe-te, altivo senhor; Invectiva, irada dama;
Mandem os escravos espiar, ameacem-me de má fama:
Mas nem dama nem senhor, nem servo espião irão saber
Que anjo vem alta noite essa imensidão gelada percorrer.

9 *Silent is the house: all are laid asleep:/ One alone looks out o'er the snow-wreaths deep,/ Watching every cloud, dreading every breeze/ That whirls the wildering drift, and bends the groaning trees.// Cheerful is the hearth, soft the matted floor;/ Not one shivering gust creeps through pane or door;/ The little lamp burns straight, its rays shoot strong and far:/ I trim it well, to be the wanderer's guiding-star.// Frown, my haughty sire! chide, my angry dame!/ Set your slaves to spy; threaten me with shame:/ But neither sire nor dame nor prying serf shall know,/ What angel nightly tracks that waste of frozen snow.// What I love shall come like visitant of air,/ Safe in secret power from lurking human snare;/ What loves me, no word of mine shall e'er betray,/ Though for faith unstained my life must forfeit pay.// Burn, then, little lamp; glimmer straight and clear –/ Hush! a rustling wing stirs, methinks, the air:/ He for whom I wait, thus ever comes to me;/ Strange Power! I trust thy might; trust thou my constancy.*

Aquilo que eu amo virá como um visitante de ar,
Por secreto poder a salvo do indiscreto humano olhar;
Aquele que me ama, minhas palavras jamais irão trair,
Embora uma fé sem mácula à vida a paga venha exigir.

Por isso, arde, lamparina; cintila sem vacilar –
Chiu! Uma asa oiço vibrar, que será, suspeito, o ar:
Assim me visita sempre aquele que espero em ânsia;
Estranho Poder! Confio na tua força; confia tu na minha constância.

Villette, um romance sobre uma senhorita esforçada que se torna diretora de colégio, surpreendentemente parece invocar a leitura do poema de Emily e, ao fazê-lo, transforma a própria leitura em uma cena de amor filial. Então, esse terceiro capítulo aparentemente banal, cujo único objetivo é preparar a partida de Lucy Snowe para a Bélgica, emerge como um emaranhado de citações, impulsos irracionais e culpas ampliadas pela perda prematura e inexplicável de vidas. E essa trama de leituras (de Charlotte para Emily) determina o obscuro e "estranho Poder" que, por sua vez, impulsiona Charlotte Brontë tanto no desenvolvimento de *Villette* quanto no destino de sua protagonista, a leitora, rumo ao futuro.

Lucy Snowe se prepara para seu destino como um novo tipo de mulher do século por meio da evocação da irmã morta, cuja voz retorna no poema de Emily, disfarçada sob o relato encapsulado no terceiro capítulo de *Villette*. A força que sustentará, mais tarde, seu olhar intrépido diante do espelho ("pude me ver por um momento como os outros me veem"), a força que mantém seu olhar irônico sobre Paul Emanuel, espião e censor masculino, parece extraída da invocação ao "estranho Poder" do poema de Emily, reelaborado no início de *Villette*. Dessa força vem a energia portentosa pela qual Charlotte, absorvendo como um vampiro a vitalidade da irmã morta, transforma Lucy Snowe em antagonista de Emma Bovary e, mais ainda, em um paralelo inesperado da primeira leitora feliz, Sylvie.

6. A biblioteca forjada: *Madame Bovary* de Gustave Flaubert

Madame Bovary marca a mais notável interseção entre o apogeu do imaginário demográfico das leitoras e uma doença moral feminina especificamente associada à leitura. Andreas Huyssen afirma que a separação entre cultura de elite e cultura de massas no século XIX depende desse ponto, no qual se define um padrão de consumo que Emma Bovary encarna: um espaço do mercado de livros vinculado imaginariamente apenas às mulheres, enquanto a grande arte permaneceria reservada aos homens. Essa noção seria, para Huyssen, inerente à "grande linha divisória erguida ao longo do século XIX, encontrando em *Madame Bovary* sua expressão mais clamorosa" (Gramuglio, 1992, p. 27).

> Um dos textos fundacionais da modernidade, onde quer que existam, é *Madame Bovary* de Flaubert. Emma, cujo temperamento era, nas palavras do narrador, "mais sentimental que artístico", adorava ler romances (...). Sem dúvida, sabemos que o mesmo Flaubert se sentiu cativado pela febre do romance romântico durante seus dias de estudante (...). Entretanto, existem boas razões para questionar se o adolescente Flaubert leu esses romances da mesma maneira que Emma Bovary os teria lido, caso tivesse vivido no mesmo período, *como as mulheres reais da época liam*. (Huyssen, 1986, p. 44, grifos da autora)

Uma afirmação tão contundente merece uma análise atenta das menções e representações da leitura em *Madame Bovary*. No capítulo VI, o narrador descreve sua heroína como um modelo de leitora imatura, adolescente: "Precisava ser capaz de tirar das coisas uma espécie de proveito pessoal" (Flaubert, 2023, p. 39). Emma Bovary lê *Paulo e Virgínia*, as conferências do abade Frayssinous, *O gênio do cristianismo*, Walter Scott, Lamartine; e nutre "venerações entusiastas" por

Mary Stuart, Joana d'Arc, Agnès Sorel, a bela Ferronnière e a escrava Clémence Isaure. Depois, surge a intermediária, a *celestina* dos livros:

> Havia no convento uma velha donzela que vinha todos os meses, durante oito dias, trabalhar na rouparia (...). Contava histórias, contava novidades, fazia na cidade seus encargos e emprestava às alunas maiores, às escondidas, algum romance que tinha sempre nos bolsos do avental, e cujos longos capítulos a boa donzela devorava ela mesma nos intervalos de sua tarefa. (Flaubert, 2023, p. 39)

No capítulo VIII, Emma chega ao castelo, onde começa a imaginar suas futuras infidelidades, e intensifica seu desejo pelo dono do lugar ao registrar os nomes dos ancestrais do anfitrião: "Jean-Antoine d'Andervilliers d'Yverbonville, conde de Vaubyessard e barão de Fresnaye, morto na batalha de Coutras em 20 de outubro de 1587". E, em outro: "Jean-Antoine-Henry-Guy d'Andervilliers de La Vaubyessard, almirante da França e cavaleiro da Ordem de São Miguel, ferido no combate de Hougue-Saint-Vaast em 29 de maio de 1692, morto em La Vaubyessard em 23 de janeiro de 1693" (Flaubert, 2023, p. 49).

Na página 57:

> Assinou La Corbeille [O *Cesto*], um jornal de mulheres, e o Le Sylphe des Salons [*Silfo dos Salões*]. Devorava, sem deixar nada passar, todas as resenhas de primeiras representações, das corridas e das festas da alta sociedade (...). Sabia as novas tendências da moda, o endereço dos bons alfaiates, os dias de Bois ou da Ópera. Estudou, com Eugène Sue, descrições de móveis e decorações, leu Balzac e George Sand tentando satisfazer imaginariamente seus anseios pessoais.

Na página 59: "segurava um livro e, depois de marcar entre as linhas, pousava-o sobre os joelhos. Tinha vontade de viajar ou de voltar a viver no convento. Desejava, ao mesmo tempo, viver e morrer em Paris".

Páginas depois, aparecem as leituras de seu marido. Este indica uma ligeira melhora com relação ao primeiro contato de Charles com os livros, já que, na página 60, quando Emma chega ao seu novo lar, é mencionado que ele nem sequer havia aberto os volumes do *Dictionnaires des sciences médicales*:

> Enfim, para se manter ao corrente, fez uma assinatura de *A Colmeia Medicinal*, jornal novo cujo prospecto recebera. Lia-o um pouco após o jantar; mas o calor do recinto (...) fazia que ao cabo de cinco minutos ele adormecesse (...). Tivesse ela, pelo menos, por marido um desses homens de ardores taciturnos que trabalham à noite nos livros... (Flaubert, 2023, p. 60)

Na página 134, Homais oferece a Emma: "Voltaire, Rousseau, Delille, Walter Scott, *L'Echo des Feuilletons*...". Na página 149, Emma folheia *L'Illustration* e inicia uma troca de livros e de *romanzas* [árias] com Leon. Na página 222, Emma lê uma carta de seu pai, cujo texto está incluído e onde "os erros de ortografia enlaçavam-se ali uns nos outros" (Flaubert, 2023, p. 156); deduz, por isso, com ternura, que o camponês "(...) havia secado a tinta com as cinzas da lareira, pois um pouco de pó cinzento deslizou da carta sobre seu vestido, e ela quase acreditou ter visto o pai curvado sobre a lareira para pegar as tenazes". Na página 158, Charles empreende a lamentável leitura do livro do doutor Duval, a partir do qual realizará a malfadada operação no pobre Hipólito. Na página 170, Emma escolhe e manda gravar um emblema em um chicote com cabo de prata dourada para seu amante Rodolphe: "*Amor nel cor*". Na página 179, Rodolphe, antes de abandonar Emma, lê as cartas de todas as suas amantes e faz a seguinte análise crítica: "Quanta bobagem". Nas páginas 180 e 181, Rodolphe escreve, diante dos leitores, a carta de despedida para Emma. Na 183, ela a lê e está a ponto de se suicidar.

Na página 189, após o longo colapso, Emma empreende uma febril e patética busca religiosa: "Eram pequenos manuais de perguntas e respostas, folhetos de tom arrogante à maneira de Monsieur de Maistre e uma espécie de romances em encadernação rosa e estilo meloso, fabricado por seminaristas trovadores ou por sabichonas arrependidas".

Na página 193, o senhor Homais discute com monsieur Bournisien sobre a Bíblia: "Mas são os protestantes, e não nós, que recomendam a Bíblia!". Na página 197, Emma assiste a uma apresentação de *Lucia de Lammermoor* e volta a "se reencontrar com as leituras de sua juventude, em pleno Walter Scott". Na página 219, ao retornar com o marido após o culposo passeio por Rouen, Emma presencia quando o pobre Justino, que a deseja, deixa cair do bolso um livro: "*O amor... conjugal*, com gravuras". Na página 316, seu novo amante, Léon, a imagina: "Era a apaixonada de todos os romances, a heroína de todos os dramas, a vaga *ela* de todos os livros de versos".

Na página 238, Emma falsifica um recibo de uma professora de piano inexistente em Rouen, que Charles e os leitores leem: "Recebi pela quantia de três meses de aulas e diversas peças a soma de sessenta e cinco francos. Félicie Lempereur, professora de música". Na página 243, para agradar Emma, Léon copia sonetos de um *keepsake*.

Em muitas páginas, sobretudo nas 249 e 250, Emma lê, angustiosamente, notas promissórias e mais notas promissórias. Na página 253, é narrado que a mãe de Léon leu uma carta anônima denunciando o caso ilícito entre ele e Emma. Na página 255, a personagem lê a notificação de penhora de seus bens. Na página 275, Charles lê o começo da nota de suicídio.

Na página 284, os leitores presenciam, sobre o cadáver de Emma, uma discussão entre Homais, que veio velar a falecida levando "três volumes e uma pasta, para tomar notas", e o padre Bournisien: "Leia Voltaire!" – dizia alguém –, "Leia Holbach, leia a Enciclopédia!"; "Leia as *Cartas de alguns judeus portugueses*!", dizia o outro...; "leia a *Razão do cristianismo*, de Nicolas, antigo magistrado!".

No capítulo XI, há várias menções à leitura, todas degradantes para Emma ou para Charles, e uma delas especialmente significativa: "o dono da livraria cobrou três anos de assinatura atrasada" (Flaubert, 2023, p. 296). A maioria dessas menções está relacionada a dívidas, ao passado adúltero ou a dinheiro que Emma, desesperada, já havia recebido e ocultado de Charles: “Cobraram os honorários de consultas antigas. Mostraram-lhe as cartas que sua esposa havia enviado, e ele teve de se desculpar” (Flaubert, 2023, p. 296). O passado: informam a Charles sobre o “casamento de seu filho, Monsieur Léon Dupuis, tabelião de Yvetot, com Mademoiselle Léocadie Laboeuf, de Bondeville”, e ele escreve para a mãe do amante de Emma: “Como minha pobre mulher teria ficado feliz!” (Flaubert, 2023, p. 296). O passado, ainda: “Um dia, vagando pela casa, subiu ao sótão e sentiu debaixo de sua pantufa uma bolinha de papel fino. Abriu-a e leu: ‘Coragem, Emma, coragem! Eu não quero arruinar a sua vida!’”. Logo depois, ele reconhece o R. da assinatura...

Mas Flaubert espalha e, ao mesmo tempo, neutraliza a verve melodramática até o fim. Ou melhor: em um movimento espiralado, ele retarda o efeito. Na página 298, insere o episódio picaresco do cego enfurecido com Homais, que se posiciona na ladeira de Bois-Guillaume para denunciar que a pomada do boticário não o curou. Ele se deleita ao descrever a fúria de Homais, que passa meses publicando ataques furiosos contra o cego no *Le Fanal de Rouen*, até finalmente conseguir que ele seja internado em um hospício. Empolgado com seu sucesso, Homais torna-se escritor; publica diversos opúsculos e, como leitor clássico, escolhe o epitáfio para o túmulo de Emma: “Para Homais, nada tão belo quanto *Sta viator...*”. Até que descobre: “*amabilem conjugen calcas!*” [Você pisa em sua amável esposa], que foi adotado (Flaubert, 2023, p. 298).

Enquanto o boticário espera a condecoração, Charles abre o compartimento secreto da escrivaninha de palissandro que “Emma usava habitualmente” e descobre as cartas de Léon: “devorou até a última”. Depois, lê todas as de Rodolphe, e seu retrato “salta-lhe à cara”. Na página seguinte, em pleno verão, encontra Rodolphe. Tomam uma cerveja; para Charles, é como “ver algo dela de novo”. Ele fica maravilhado. “Gostaria de ser aquele homem”. E até solta uma grande frase, “a única que dissera em sua vida: É coisa do destino!”. No dia seguinte, morre; uma tia assume a guarda de Berthe: “Ela é pobre e a manda ganhar a vida em uma fiação de algodão”. Berthe termina onde Sylvie começou. Na última linha do romance, Homais recebe "a Cruz de Honra".

Diante dessa variedade de posturas, menções e contextos de leitura, escrita e até inscrições em lápides que proliferam em *Madame Bovary*, é preciso revisar as afirmações categóricas de Huyssen sobre a forma como as mulheres liam os romances românticos e, sobretudo, a seguinte: "Entretanto, existem boas razões para questionar se o adolescente Flaubert leu esses romances da mesma maneira que Emma Bovary os teria lido, caso tivesse vivido no mesmo período, *como as mulheres reais da época liam*".

Madame Bovary mostra o modo como as mulheres reais – as pouquíssimas mulheres reais da época – liam os romances românticos? *Madame Bovary* não mostra isso. Mostra, pelo contrário, que as mulheres não apenas liam romances românticos, mas toda a literatura, *só que a liam como se fosse um vasto romance romântico*. Essa é a persuasiva posição feminina diante da leitura que Flaubert constrói: uma posição do sujeito, não um *corpus* de leituras. Mas a feminina não é a única posição que o romance constrói. Se revisarmos o repertório de encontros, cruzamentos e vestígios de palavras impressas (e escritas) em *Madame Bovary*, constatamos que há outras representações de leitura – de heráldica, de enciclopédias, de revistas, de cartas e de epitáfios –, nas quais são descritos registros de leitura degradados, sim, mas agora masculinos.

Emma é usuária de toda a alta e baixa cultura de sua época. Lê como se todos esses textos heterogêneos e variados em gênero e em suporte físico – livros, folhetins, revistas, cartas, poemas, sonetos manuscritos plagiados e até notificações judiciais – compusessem um grande folhetim. Nessa lista, devemos incluir não apenas as leituras que o narrador lhe atribui – os já conhecidos *Paulo e Virgínia*, as conferências do abade Frayssinous, *O gênio do cristianismo*, Walter Scott, Lamartine, biografias de Mary Stuart, Joana d'Arc, Agnès Sorel, a bela Ferronnière e Clémence Isaure –, mas também as anotações nos retratos da mansão de Rodolphe, *La corbeille*, publicação para mulheres, e *Le Sylphe des Salons*, além de Eugène Sue, Balzac, George Sand, *L'Illustration*, uma carta de seu pai, a carta de despedida de Rodolphe, pequenos manuais religiosos de perguntas e respostas, uma espécie de romance em papelão rosa e de estilo melodramático, alguns sonetos plagiados por Léon e, por fim, a notificação de penhora de seus bens.

Diante dela, um conjunto não menos variado, embora espiritualmente mais pobre, alimenta a posição masculina em relação à leitura de livros: uma posição fragmentada em vários papéis. Charles domina apenas duas vertentes. Uma delas é a mera divulgação científica, ligada à sua profissão; mas não estritamente à ciência médica (ele nunca abre os *Dictionnaires des sciences médicales*), preferindo a literatura mais acessível de *La Ruche Médicale*. Sua outra prática de leitura é feminina: como se fosse uma leitora romântica de livros românticos, ele provoca o desfecho e sua própria humilhação ao ler, primeiro, a nota de suicídio de Emma e, depois, as cartas de Rodolphe e Léon para sua esposa.

Homais é o sósia de Emma. Como ela, é um leitor voraz e caótico, um espírito de seu tempo, um crente na mistura frenética de leituras, do mais elevado ao mais vulgar: Voltaire, Rousseau, Delille, Walter Scott, *L'Écho des feuilletons*...

Rodolphe, alma desprezível, comporta-se como as supostas donzelas leitoras a que Huyssen se refere: sua biblioteca é escassa e folhetinesca. Consiste na lenda de sua bengala, "*Amor nel cor*", e nas cartas de todas as suas amantes, o que reforça seu caráter pornógrafo sentimental, sua intrínseca fraqueza como galã clandestino típico do século XIX. Por fim, Justin, leitor diretamente pornográfico, complementa essa imagem: "*L'Amour conjugal*, com imagens".

Já o padre está sempre na defensiva. Mais do que ler, ele brandia contra Homais diversos panfletos apologéticos do catolicismo da época: *Lettres de quelques juifs portugais* e *Raison du christianisme*, de Nicolas, antigo magistrado.

Na verdade, sobre o cadáver de Emma, discute-se a massa letrada masculina do século XIX, e, ao fazê-lo, reproduz-se de maneira quase idêntica, embora invertida, o esquema cervantino: no *Quixote*, padre e barbeiro realizavam o irônico escrutínio; padre e boticário lançam títulos um contra o outro sobre o leito de morte de Madame Bovary. Os primeiros concordavam; os segundos competiam.

Há ainda outro paralelo entre Flaubert e Cervantes. Assim como Cervantes se desfaz do fidalgo leitor por meio de uma lenta demolição melancólica, iniciada no duelo de Dom Quixote com o Cavaleiro da Lua Branca na praia de Barcelona, Flaubert se desfaz de Emma. Com a mesma lentidão, com a mesma calculada morosidade. Assim, estabelece o pórtico para *Bouvard e Pécuchet*, onde o debate sobre a função da leitura alcança sua complexidade moderna definitiva, ao conseguir sua contestação moral e estética sem a necessidade da leitura feminina. A liquidação da promessa de futuro contida nos livros começa em *Madame Bovary*, mas culmina em um romance no qual o feminino retorna à categoria de profunda irrealidade que possuía em sua origem: em *Bouvard e Pécuchet*, assim como em *Dom Quixote*, as mulheres são fantasmas ou figurantes. De fato, em ambos os casos, as mulheres *não são*. Adotam vestes de sonhos, quimeras, fantasias: figuras de damas inexistentes que seguem o rastro de camponesas grosseiras – Cervantes – ou caricaturescas representações da mentalidade provinciana – Flaubert.

Huyssen se mostra convincente ao vincular o surgimento da cultura de massas ao aparecimento de um dispositivo feminino de leitura. Também o é quando analisa o conceito de massa e suas adjetivações e correlatos femininos nos textos clássicos de Le Bon retomados por Freud. Continua sendo convincente ao destacar a misoginia marcante e crescente ao longo do século XIX; e até mesmo quando insiste na veneração reativa pelo viril, tão patente em "Marinetti, Jünger, Benn, Wyndham Lewis, Céline *et al.*" (Huyssen, 1986, p. 55). No entanto, não enfatiza suficientemente que, na realidade, esse dispositivo é imaginário e que não corresponde às tendências históricas e às práticas sociais de acesso e contato com os livros.

De fato, a revisão das representações da leitura em *Madame Bovary* corrige Huyssen: o elemento feminino massificado é menos abundante do que parece à primeira vista, enquanto o elemento masculino massificado é tão profuso e significativo, do ponto de vista da degradação do saber, quanto o primeiro. Talvez a veneração reativa pelo viril, visível em Marinetti, Jünger, Benn, Wyndham Lewis ou Céline, cuja continuidade pode ser observada na atenção fascinada com que se exaltou Jünger, por exemplo, ou na reescrita de Céline nos últimos vinte anos, tenha mais a ver com a fuga da forma feminizada, e não da mulher. Mais ainda: o masculino massificado marca o momento em que a cultura de massas se torna um problema fundamental na representação da leitura. Se a maior curiosidade do século XIX é o triunfo da fabulação romanesca de uma leitora feminina multiplicada e sua transformação em um dado fictício da realidade histórica, a maior curiosidade do século XX é a persistência dos grandes personagens masculinos – hipertrofias folhetinescas do super-homem paródico, como intuiu Gramsci – e a quase total evaporação das grandes personagens femininas que, por outro lado, dominaram os lugares mais importantes na galeria de figuras literárias do século XIX.

7. Esplendores e misérias da leitura extensiva: *O moinho à beira do rio Floss* e *Middlemarch* de George Eliot

Maggie, a heroína de *O moinho à beira do rio Floss*, de George Eliot, é informada aos sete anos de que não estudará o mesmo que seu irmão Tom, destinado à universidade, porque a mulher é, por natureza, astuta, mas não erudita. Sua relação com o impresso depende de seu irmão, que tem todas as facilidades de acesso aos livros, mas é limitado em inteligência e autoritário por natureza. George Eliot é categórica ao criar a antítese entre o desperdício de inteligência, iniciativa e curiosidade de Maggie, e a tolice e submissão ao estabelecido de seu irmão. Apesar disso, a garota termina sua educação em "salas de categoria ínfima", enquanto seu irmão é forçado a aspirar ao ensino superior, mesmo que não consiga. O aprendizado das mulheres não é o da decepção, mas, mais uma vez, o da frustração. Diz, explicitamente, Tom: "Diga-me, como demonstraste o teu amor, do qual tanto falas, a mim ou ao nosso pai? Desobedecendo-nos e enganando-nos. Tenho uma maneira diferente de demonstrar o meu afeto". Responde Maggie: "Porque tu és um homem, Tom, e tem poder, e podes fazer algo no mundo" (Eliot, 2003b, p. 270). Ao que Tom conclui: "Então, se não pode fazer nada, submeta-se àqueles que podem".

Maggie, aos sete anos, não quer aprender a bordar. Maggie detesta o *patchwork*. Mas os trabalhos de agulha a perseguem; aos 18 anos, ela se vê obrigada a trabalhar como bordadeira, após o severo colapso econômico de seu pai. Aqui, percebe-se uma mudança. Lembremos que a Sylvie de Nerval era rendeira e leitora e não demonstrava aversão ao ofício, e evoquemos a atitude tranquila de Lucy Snowe em *Villette*, que não rejeita sua cesta de costura, e sim a rodeia de livros. Por outro lado, dez anos mais tarde, Maggie Tulliver detesta o ofício com a mesma precocidade com que se torna uma leitora voraz: inicia-se com *História do diabo*, de Daniel Defoe, encantando-se com um relato de bruxaria. Se Emma encena o quadro histérico da doente de amor, Maggie transmite a inquietação e o sofrimento do neurótico. Mas os ritmos dessa tomada de consciência são diferentes. No romance de Flaubert, desde o baile na casa de Rodolphe, o desacordo entre ilusão e realidade é máximo. Já Maggie é educada por um sofrimento paulatino.

O processo de compreensão das fronteiras que a aguardam é gradual e crescente. Emma é ferozmente egoísta: precisa "tirar proveito das coisas" – inclusive das leituras –, "um proveito pessoal", e esse proveito significa a transformação do sujeito, a partir dos livros, em puro impulso amoroso. Maggie, por sua vez, exige algo ainda mais difícil: acredita poder educar-se como sujeito; como "homem", diríamos, se ainda usássemos "homem" em seu hoje minguante significado de "universal humano". Aos poucos, perceberá que essa aspiração é ainda mais impossível do que a de Emma. Quando Maggie lê, ainda criança, as fábulas de Esopo, *Pilgrim's Progress*, a Bíblia, a *Odisseia* ilustrada, a *Ilíada*, relatos de viagens, além de diversas obras de Oliver Goldsmith, William Wordsworth ou Edmund Burke, o faz com o desinteresse pessoal de um "homem" e, até então, não recebe de ninguém a imposição de um limite. Depois, à medida que Tom vai abandonando os livros de estudo, ela os toma para si e se lança às gramáticas latinas, consulta dicionários, estuda Euclides e Virgílio e se obstina em compreender um volume de lógica, para dar "(...) um passo considerável na aquisição da sabedoria masculina, desses conhecimentos que satisfazem os homens, que chegam até a lhes dar alegria de viver" (Eliot, 2003b, p. 278).

Muito se escreveu sobre a ironia de George Eliot, sobre sua utilização delicadíssima do lugar-comum para evidenciar o desajuste entre sujeito e destino: por exemplo, "essa alegria de viver" impessoal e assexuada que, supostamente, Maggie deseja sentir. Mas, com não menos delicadeza, Eliot se satisfaz em traçar a linha quase insuportável da decadência intelectual de Maggie, que acabará levando-a a abandonar o livro: a lógica exige algo mais do que mero entusiasmo; demanda uma disciplina intelectual que requer etapas, isto é, a aquisição de habilidades parciais.

Em *Madame Bovary*, o limite imposto a Emma desde o início decorre de sua leitura equivocada de toda a literatura, como se fosse apenas um romance sentimental. Em *O moinho à beira do rio Floss*, não há apenas um limite, mas vários. O primeiro está relacionado ao conteúdo específico das leituras. Maggie não se engana; não lê lógica como se fosse um folhetim. O problema é ainda pior: Maggie *não pode* ler lógica porque sua educação não lhe forneceu o método que a lógica exige.

O segundo limite tem origem na rivalidade entre irmão e irmã; durante a puberdade, Maggie não hesita em discutir com Tom sobre etimologias latinas e o uso correto de arcaísmos em inglês. Na página 201, Tom a usa como ajudante para sua aula de latim, e ela, mesmo lidando com a lição pela primeira vez, compreende o conteúdo mais rapidamente, demonstrando impaciência e uma determinação ansiosa para dominar o texto. A adolescência, no entanto, estabelecerá um limite intransponível. O resultado é conclusivo:

> Há algo firme na própria agitação que acompanha as primeiras irrupções de problemas, assim como uma dor aguda é muitas vezes um estímulo que produz uma força transitória (...). É dia após dia que a luta se transforma em uma rotina monótona (...). *Essa época* (...) chegou para Maggie, *com sua pouca idade de treze anos.* À habitual precocidade da menina, ela acrescentou aquela breve experiência de luta, de conflito entre o impulso interior e o fato exterior, que é o destino de toda natureza imaginativa e apaixonada. E os anos, desde que ela martelou os pregos em seu amuleto de madeira entre as prateleiras carcomidas do sótão, foram preenchidos com uma *vida imaginativa entre o triplo mundo da Realidade, dos Livros e dos Sonhos Acordados, o que fazia com que Maggie fosse estranhamente velha para sua idade.* Isso em quase tudo, exceto em toda a sua falta de prudência e autodomínio, que eram as qualidades que *tornavam Tom viril, embora tivesse o intelecto de criança.* (Eliot, 2003b, p. 300, grifos da autora)

Após a quebra econômica do senhor Tulliver, a família deve tomar decisões acerca do trabalho dos filhos. Maggie diz a Tom:

> – Ah, que pena não termos Dominie Sampson! disse Maggie, que não pôde deixar de misturar um pouco de alegria com a tristeza deles. Se ele tivesse me ensinado contabilidade por partidas dobradas e segundo o método italiano, como fez com Lucy Bertram [personagem de *Guy Mannering*, romance de Walter Scott], eu poderia te ensinar, Tom.
> – Tu me ensinando! Sim, ouso dizer isso. Esse é sempre o tom que tu utilizas (...). Tu estás sempre colocando-te acima de mim e de todos os outros, e eu já quis te dizer isso várias vezes. (Eliot, 2003b, p. 298)

O patrimônio familiar é vendido, apenas alguns livros se salvam: "Ah, Tom!", ela exclamou, apertando as mãos, "onde estão os livros?" (Eliot, 2003b, p. 320). Enquanto Tom demonstra total indiferença pela perda quase completa da biblioteca, Maggie, por outro lado, valoriza o pouco que foi salvo (a Bíblia familiar e *Pilgrim's Progress*): "Acho que não devemos nos desfazer deles enquanto vivermos; agora que tudo o que nos era caro está nos sendo tirado" (Eliot, 2003b, p. 321). Logo depois, um garoto analfabeto, a quem Tom tratava com bondade, oferece dinheiro à família arruinada e escuta o lamento da menina. Mais adiante, ele compra para Maggie uma série de volumes de retratos em um sebo ambulante, onde também adquire uma "fileira de livros pequenos unidos por uma corda", que estão "cheios de letras de imprensa", conforme informa com orgulho à sua protetora. Maggie se dedicará a eles depois de admitir seu fracasso no estudo sistemático:

> Conhecia os assuntos de que tratavam *Rasselas* [romance do doutor Johnson, publicado em 1759], *Belezas do espectador* [seleção de artigos de *The Spectador*, o jornal editado por Steele de 1711 a 1721], *Economia da vida humana* [provavelmente um vade-mécum de administração doméstica], *Cartas de Gregório* [talvez seja uma seleção de São Gregório Magno, Papa entre os anos 590 e 604], *O ano cristão* [muito provavelmente um livro reformista de poesias cristãs que segue o calendário], que lhe pareceu um livro de hinos, e tornou a deixá-lo; mas e Tomás de Kempis? (Eliot, 2003b, p. 342)

A imitação de Cristo, tratado devocionário imensamente popular até meados do século XX, é atribuído a Thomas Hemerken (ou Tomás de Kempis, *c.* 1380-1471); foi um dos livros de espiritualidade que melhor se ajustou às disciplinas mais efusivas da alma romântica, indo além das diferenças entre catolicismo e protestantismo. A partir de Kempis acontece algo curioso, uma espécie de queda de Maggie no bovarismo, uma queda muito semelhante à que, alguns anos depois, Clarín fará Ana Ozores experimentar: os dois episódios estão fatalmente ligados a Kempis. Ambos demonstram, como tantos outros da época, que, no final do século XIX, a mística religiosa se torna algo quase inteiramente inacessível, a menos que se aceite sua imbricação com os discursos da espiritualidade popular, por um lado, ou com a estética niilista, por outro.

Após o acesso, vem a depressão: no sentido mais literal da palavra, como um brusco rebaixamento de aspirações, um esmagamento. Os livros que Maggie recebe emprestados de seu pretendente, Phillip, já são muito diferentes: volumes de Walter Scott e *Corinne*, de Madame de Staël, uma exaltada celebração de uma mulher criadora. É verdade que Maggie lê nesse momento Shakespeare e aprecia as canções de John Gay e Purcell, mas isso pertence a uma espécie de prateleira de salão galante, à qual a jovem tem acesso apenas quando vai morar com sua prima Lucy, de status social superior ao dela. À medida que o desfecho se aproxima, a paixão da jovem pelo conhecimento se apaga, e suas leituras se tornam mais mundanas: ela admite seu fracasso com o latim e se resigna aos romances franceses que seu pretendente usa para seduzi-la.

Aqui, revela-se um movimento significativo: a biblioteca de Maggie se rebaixa, se empobrece; em suma, feminiza-se por meio de um personagem masculino. Como um vampiro, Eliot se inclina lentamente sobre sua heroína e vai extraindo dela tudo o que era considerado humano e universal, de Defoe ao latim, até deixá-la reduzida ao sentimentalismo feminino: dos livros de orações aos romances franceses. Sentimentalismo feminino esse que se revela mortífero: tanto para ela quanto para seu irmão.

Em *Middlemarch* (1871), cerca de dez anos depois, Eliot já não coloca para sua protagonista, Dorothea Brooke, um irmão que funcione como espelho, rival e metade; em vez disso, ela elabora um paralelo de status mais incerto – Tertius Lydgate, um médico ambicioso – e, sucessivamente, dois maridos.

Sem dúvida, no vasto painel de *Middlemarch* (ambientada na década de 1830), Dorothea é apenas uma peça. Mas uma peça decisiva. Ela ocupa o centro sociológico de um pequeno núcleo da aristocracia rural, no qual Lydgate representa o médico moderno e sem patrimônio. Seu primeiro marido, Casaubon, é um pastor erudito e tolo, e o segundo será Will Ladislaw, sobrinho de Casaubon, que se apaixona por Dorothea durante a lua de mel dos Casaubon. A intrincada rede de *Middlemarch* inclui a irmã de Dorothea; o tio e tutor de ambas, uma espécie de Homais com terras; e o marido da irmã de Dorothea, um latifundiário conservador. Além disso, Lydgate tem uma esposa frívola, Rosamond Vincy, que é acompanhada pelo irmão de Rosamond, o volúvel Fred Vincy, e por Mary Garth, sua rigorosa noiva metodista, pertencente à nova seita protestante das classes populares, fundada por John Wesley, seu inspirador, que se tornou pilar ideológico da formação dos primeiros sindicatos. Todos, os antigos ricos proprietários de terras, os profissionais e pequenos burgueses da nova ordem capitalista e os novos ricos evangelistas de *Middlemarch*, que pregam, com o exemplo de sua riqueza, que uma nova vida austera pode gerar prosperidade, atuam contra as moradias miseráveis dos arrendatários pobres.

E todos eles – exceto os analfabetos das cabanas miseráveis – esperam algo que depende, de diversas formas, do contato com os livros. Ainda restam alguns leitores intensivos em *Middlemarch*: o senhor Casaubon é o epítome desse modelo. Seu desejo de ser não apenas um leitor intensivo, mas também um escritor intensivo – com o objetivo de reduzir todas as mitologias conhecidas ao esquema da Revelação –, acaba o levando à morte. Por outro lado, o sistema de leitura é extensivo para o senhor Brooke, Dorothea, Will e Fred Vincy, que recebem e compram todos os tipos de livro: ficção e ensaio, filosofia, divulgação, viagens, além de revistas de todos os tipos. Will Ladislaw, com a ajuda do senhor Brooke, chega até mesmo a se tornar editor. São leitores que acreditam firmemente que a interpretação dos textos cabe a eles, de acordo com suas próprias necessidades individuais: ou seja, na definição de Habermas, são leitores "privados reunidos em público". Eles opinavam sobre diferentes disciplinas sem treinamento sistemático; ousados, inconstantes, às vezes superficiais, como Rosamond e Fred. Outras vezes, como Dorothea, perigosos para si mesmos e para os outros. Todos assumem uma das características fundamentais da leitura moderna: a habilidade do crítico amador.

Dorothea se une a Casaubon porque busca um gênio a quem possa sacrificar sua vida, assim como Modesta Mignon. Como o gênio não está à altura dos desejos da jovem, Eliot o sacrifica na metade do romance: em uma fria manhã de inverno, no jardim de sua casa, o coração de Casaubon para de bater, aterrorizado diante das exigências excessivas de sua jovem esposa leitora. No fim, Dorothea se casa novamente; agora com o sobrinho de Casaubon, Ladislaw, meio polonês, pintor e desenhista, diretor de jornal, candidato a membro do parlamento, personagem que atravessa verticalmente os rígidos estamentos sociais representados no romance.

Dorothea tem um espelho: Teresa de Ávila, invocada no prelúdio, onde a fundadora de conventos é exaltada e, ao mesmo tempo, as filhas do século XIX são repreendidas por não serem "fundadoras de coisa alguma". Sobre esse espelho enérgico, Eliot estrutura, em diversos trechos, o destino de sua protagonista leitora: este envolve, assim como o de Maggie, não apenas a exploração das possibilidades presentes no texto, mas também a promessa de toda a leitura. Na primeira metade do romance, a relação com os livros segue um ritmo regular, como se marcasse o compasso da narrativa. Na segunda, em contraste, tudo se torna mais anárquico, o desenho da história se obscurece e o desenvolvimento não é tão direto.

No jantar que abre o romance, o senhor Brooke menciona a revista *Química Agrícola*, e, em seguida, cita Adam Smith e Giambattista Vico, "há quem diga que a história anda em círculos; e essa teoria pode ser bem defendida" (Eliot, 2003a, p. 28), além da *Guerra de Secessão na Espanha* de Robert Southey. O convidado de honra, o rabugento senhor Casaubon, apresenta-se como um leitor erudito de manuscritos, em busca dos fundamentos de seus estudos mitológicos, em oposição à moderna filologia bíblica alemã, que, não muito tempo antes, descartara a ideia de que Moisés fosse o autor do Pentateuco. Dorothea, por sua vez, preocupada com as tentativas de reformar as condições de vida dos pobres, sugere a um dos comensais formas de higienizar as moradias fedorentas nas quais vivem seus camponeses. Além disso, quer "organizar" os papéis de seu tio: "Eu colocaria rótulos em todos eles e faria uma lista de temas para cada carta" (Eliot, 2003a, p. 29). Essa inclinação para a organização desperta no senhor Casaubon um projeto que será sua ruína: deseja uma secretária e, para ter uma, se casará com a jovem. Para isso: "ele explicou a Dorothea como havia se comprometido a demonstrar (...) que todos os sistemas míticos ou fragmentos míticos erráticos do mundo eram degenerações de uma tradição originalmente revelada" (Eliot, 2003a, p. 35).

De imediato, Dorothea se sente "na presença de Bossuet em carne e osso, cuja obra reconciliaria o saber profano moderno com o mais devoto; de um moderno Agostinho que reunia a glória de doutor e santo" (Eliot, 2003a, p. 35), apesar de Casaubon manifestar um completo desinteresse pelos miseráveis. Esse mal-entendido será a perdição de Casaubon: ela desconsidera suas próprias leituras em favor das do marido e, depois, naturalmente, descobre a mediocridade de Casaubon e não o perdoa. De fato, esse é o problema para o erudito: ela leu extensivamente, mas, ao casar-se, suspende, ainda que não limite, sua atitude de leitora moderna e crítica. Há, ao longo de todo *Middlemarch*, um subtexto adversativo em relação a Casaubon, que Dorothea silencia, mas não deixa de alimentar. E não apenas o alimenta, como essa adversidade parece existir muito antes mesmo de Casaubon começar a escrever seu livro impossível e fracassar. Ela, que leu Loudon, um naturalista, ou Oberlin, um dos higienistas luteranos que propunham reformas nas moradias dos pobres, tanto de camponeses quanto de operários, já havia escrito projetos de reforma habitacional e desenhado casas aos 19 anos, como explica com entusiasmo a outro de seus convidados no jantar que inicia o romance. Este, seduzido, a estimula: "Vai me mostrar seus projetos?". E ela: "Claro que sim, com certeza. Atrevo-me a dizer que têm muitos defeitos, mas examinei todos os planos de moradias rurais do livro de Loudon e escolhi aquilo que me pareceu melhor" (Eliot, 2003a, p. 45).

Dorothea mantém esse subtexto oculto e vivo, apesar de a fé no clérigo torná-la, mais adiante, estúpida:

> A fé de Dorothea acrescentou tudo o que as palavras do Sr. Casaubon pareciam não dizer: qual crente vê uma omissão ou infelicidade perturbadora? O texto, seja de profeta ou de poeta, expande-se para tudo o que nele podemos colocar, e até a sua má gramática é sublime. (Eliot, 2003a, p. 65)

A partir do momento em que a fé perverte suas habilidades hermenêuticas, Dorothea se torna uma força que caminha decididamente rumo ao desastre. O processo se ramifica em diversas direções, e, em todas elas, as diferentes formas de relação com os livros e com a tradição escrita contribuem para reforçar essa orientação fatalista. Há, por exemplo, discussões entre Fred Vincy e sua irmã Rosamond sobre o inglês correto e a linguagem dos poetas, e Fred caçoa de sua irmã, incapaz de reconhecer um epíteto homérico: "Bem, diga-me se é gíria ou poesia chamar um boi de trançador de patas" (Eliot, 2003a, p. 110). Há uma distribuição cuidadosa e sempre dinâmica dos espaços e dos suportes da letra impressa, muito próximos à experiência interior dos personagens. Por exemplo, quando Dorothea volta da frustrante viagem de lua de mel: "Os próprios móveis do quarto pareciam ter encolhido desde a última vez que ela os tinha visto (...) na estante, os livros de literatura culta davam mais a impressão de serem imitações de livros" (Eliot, 2003a, p. 300).

Esta conversão dos livros em simulacros tem um antecedente e constitui o centro visível da teia de aranha tecida por Eliot. Durante sua estada nupcial em Roma, Dorothea descobre que a empreitada intelectual de seu marido é um fracasso: Will Ladislaw, o sobrinho, revela-lhe ali que o senhor Casaubon não sabe alemão e desconhece os estudos bíblicos modernos. Ela lhe suplica:

> – Prometa-me que nunca mais voltará a falar com alguém sobre esse assunto – refiro-me aos escritos do Sr. Casaubon, como fez antes, quero dizer. Fui eu quem o incentivou a isso. A culpa foi minha. Mas prometa-me. (...)
> – Claro que sim, eu prometo, disse Will, porém enrubescendo. Se ele nunca mais dissesse uma palavra ofensiva sobre o Sr. Casaubon e renunciasse a ajudá-lo, sem dúvida seria ainda mais permissível odiá-lo. O poeta deve saber odiar, diz Goethe; e Will já dominava esse talento. (Eliot, 2003a, p. 220)

O poeta deve saber como odiar, diz a si mesmo Will. Dorothea inverte esse processo: ela aprende a odiar e, portanto, devemos supor, transforma-se em poeta. Ao compreender definitivamente que o senhor Casaubon é um impostor, Dorothea sente ódio; e esse ódio a eleva ao patamar sublime da poesia:

> Seria culpa sua ter acreditado nele?... Ter acreditado em seus méritos? E o que era exatamente o senhor Casaubon? Dorothea estava apta a julgá-lo... ela, que havia esperado seus olhares entre tremores e aprisionava o melhor de sua própria alma, fazendo-lhe apenas visitas furtivas, para assim ser suficientemente insignificante a ponto de agradá-lo. Em crises como essa, algumas mulheres começam a odiar. (Eliot, 2003a, p. 500)

Dorothea havia confinado "o melhor de sua própria alma em uma prisão". Mas o que era "o melhor de sua própria alma"? Sem dúvida, suas capacidades prodigiosas e suas inúmeras habilidades como leitura extensiva, sua curiosidade desperta de crítica *amateur*, de filantropa que desenha melhorias para as casas de seus camponeses. As mulheres, parece dizer Eliot, aprendem a odiar, assim como aprendem os poetas. As mulheres se transformaram em poetas não por meio do amor e da compreensão universais, mas através do mais sábio e certeiro bisturi do ódio: aquele que separa, repele, sacrifica o outro ou se dedica, com meticulosa precisão, a desejar sua derrota. O ódio é o motor do processo de conhecimento que posiciona a personagem de Dorothea no centro das representações da leitura do século XIX. O ódio é o propulsor, o motor do futuro. Ainda que, para ela, como Eliot ressalta em seu prólogo, esse ódio sirva apenas para enterrar um marido e casar-se com outro.

8. O livro no corpo: *A corregedora* de Clarín

Há ódio em *A corregedora*? Se nos guiarmos por Goethe – "O poeta deve saber como odiar" – e lembrarmos que Clarín leva Ana Ozores ao desfalecimento após compor versos, poderemos aceitar que há ódio nesse romance, cujo capítulo IV é dedicado a remodelar, na biblioteca da protagonista, diferentes sistemas de leitura provenientes dos grandes modelos da tradição oitocentista. Na verdade, a narrativa é uma imensa e abarrotada biblioteca, que vai de Lamartine e Rousseau a Kempis; passando por Paul de Kock e os Dumas a tratados religiosos, históricos e científicos.

Governado por uma proibição – "ela não deve ler romances" –, o repertório bibliográfico de Ana Ozores contém elementos semelhantes aos imaginados por Balzac, Fernán Caballero, Gertrudis Gómez de Avellaneda, Flaubert e, claro, também George Eliot. O mecanismo fundamental de Ana Ozores segue um modelo flaubertiano: embora sem ler romances, ela lê como se tudo fosse um grande romance sentimental. Transforma em romance sentimental um vasto contingente de livros sérios, "de verdadeira arte": fábulas gregas, poesia homérica e pastoril clássica, Santo Agostinho, Chateaubriand e São João da Cruz, além de toda sorte de antologias, compêndios, florilégios, parnasos e livros edificantes.

Quando lê São João, a jovem põe em movimento o desejo, um equívoco sucedâneo da inspiração: já que a experiência religiosa da leitura intensiva lhe é vedada e ela é incapaz de experimentar a densidade da mística, essa cena mostra a jovem em um surto, após ter tentado compor versos "à maneira de São João":

> Meditou, esperando a inspiração sagrada.
> Antes de escrever deixou falar o pensamento. Quando o lápis traçou o primeiro verso, já estava terminada, dentro da alma, a primeira

> estância. O lápis seguiu correndo sobre o papel, mas a alma sempre ia mais depressa. Os versos engendravam os versos, como um beijo provoca outros cem. De cada conceito amoroso e rítmico, brotava um enxame de ideias poéticas, que nasciam vestidas com todas as cores e perfumes daquele dizer poético, simples, nobre, apaixonado. Quando o pensamento ainda seguia ditando aos borbotões, a mão teve que renunciar a segui-lo, porque o lápis já não podia escrever. Os olhos de Ana não viam as letras nem o papel, estavam cheios de lágrimas. Sentia chicotadas nas têmporas e na garganta uma mão de ferro que apertava.
>
> Ficou de pé, quis falar, gritou: por fim sua voz ressoou na canhada. Calou o suposto rouxinol, e os versos de Ana, recitados como uma oração entre lágrimas, saíram ao vento repetidos pelas ressonâncias do monte. Chamava com palavras de fogo sua Mãe Celestial. Sua própria voz a entusiasmou, sentiu calafrios e já não conseguiu falar. Dobraram-se seus joelhos, apoiou a testa na terra. Um espanto místico a dominou um momento. Não ousava levantar os olhos. Temia estar rodeada de coisas sobrenaturais. Uma luz mais forte que a do sol atravessava suas pálpebras fechadas. Sentiu um barulho perto, gritou, levantou a cabeça despavorida..., não tinha dúvida, uma amoreira da colina da frente se mexia..., e com os olhos abertos viu um pássaro escuro sair voando do matagal e passar sobre sua cabeça. (Clarín, 1989, p. 109-110)

A voz do narrador passa da ironia ao sarcasmo, armado com toda a ciência sexual e o entusiasmo naturalista do período: estamos em 1880. O quadro histérico ("*toujours la chose génitale, toujours, toujours, toujours*", dizia Charcot)[10] era um relato que fascinava na época; seu conjunto variegado e sensacionalista de signos expressa uma nova erótica do corpo feminino que, disfarçada de saber médico, já não precisa mais se esconder. Além disso, Ana Ozores aciona o

10 [N.E.] Citado por Erik H. Erikson, "Reality and Actuality: An Adress", em Ch. Bernheimer e C. Kahane (1985).

mecanismo histérico mais espetacular, aquele que verte no corpo o que não se diz em palavras, ao traduzir São João da Cruz para a linguagem do desmaio, do extravio, da vertigem. Ela o seculariza, transformando-o em psicopatologia feminina. Por fim, quase burlesco, o narrador também se histeriza, como se fosse contagiado pelo arroubo de sua personagem. Ele "transforma" (traduz) a experiência pseudomística da jovem ao histerizar a natureza: uma amoreira que se move, parecendo anunciar a presença da divindade, solta no ar um "pássaro escuro", que quase roça a testa da corregedora e antecipa o beijo de Caledonio, o acólito afeminado, alto e esquálido, que, nas últimas linhas do romance, inclina seu rosto asqueroso sobre a desmaiada Ana Ozores, inerte sobre o tabuleiro da catedral (Clarín, 1989, p. 873).

Enquanto se submete ao brutal erotismo transferencial de sua relação com o Magistral, Ana Ozores lê literatura médica: "Sinto-me capaz de ler Maudsley e Luys [ambos autores de tratados de psiquiatria]". Mais ainda: após sua jornada como penitente pelas ruas de Vetusta, Ana relê seu próprio diário e, entre suas páginas, registra uma anotação na qual conta ter voltado a manusear alguns livros de seu pai: "Que impressões! Encontrei entre as folhas uma *Mitologia* ilustrada..." (Clarín, 1989, p. 747).

Ao ver as imagens, Ana se sente estimulada de uma forma diferente, mais madura, por esses relatos que retratam "um povo jovem, saudável, em suma" e deseja desenhar, dar forma a essas imagens da mitologia que a "assediam" (Clarín, 1989, p. 747). O corpo de *A corregedora* escreve e desenha seus sintomas de acordo com suas leituras, desde o arrebatamento da amoreira em diante. Clarín diversifica o efeito e estrutura o relato de adultério expandindo os personagens do triângulo clássico: marido, mulher e amante são cercados por duas figuras decisivas: um confessor – o Magistral – e sua temível e ambiciosa mãe. Com isso, o romance se aproxima, como veremos, do elenco formal de *O caso Dora*, composto pela própria Dora, seu pai, sua mãe, a amante de seu pai e sua governanta. Em ambos os casos, a figura poderosa contrastante da protagonista é uma mulher, algo que não ocorre em outros romances clássicos de adultério. Em *A corregedora*, ninguém se compara, em energia e domínio da informação, à mãe do confessor de Ana Ozores: ela conhece o passado tenebroso de seu filho e parece ser quase capaz de chantageá-lo. Em *O caso Dora*, a figura contrastante é a amante do pai, duplicada por uma governanta que instrui Dora, quando criança, em assuntos sexuais.

Há ódio em *A corregedora*? Esse ódio, cuja administração inteligente Goethe reserva aos poetas, tem relação com a representação da leitura? Há ódio na medida em que os retratos femininos de artistas – ou seja, narrativas sobre como uma mulher se torna artista – são, salvo algumas exceções (como a já mencionada *Corinne*, de Madame de Staël), quase impossíveis no século XIX: há ódio na medida em que a representação do processo de tornar-se futura poeta ou escritora de diários, no caso de Ana Ozores, é a prova de seu fracasso absoluto, de sua redução a um sintoma histérico, de sua tradução em puro desejo sexual: a *coisa genital*, sempre.

9. A leitora da lei: *O dinheiro* de Émile Zola

A *coisa genital* é a lei, sem dúvida. Como tal, governa o mundo nos romances de Zola. Em *O dinheiro* (1891), um dos volumes de *Os Rougon-Macquart: história natural e social de uma família sob o Segundo Império*, ela também rege o instinto de conservação de madame Caroline, amante de Aristide Saccard. Zola escreveu em suas notas para o romance:

> O amor pela vida, apesar de tudo...
> Quero encarnar isso em uma mulher, já vivida, de trinta e cinco anos, ainda muito bonita, muito firme. Ela é a esperança. Ama a vida. Por quê? Ela não sabe nada. É como a humanidade que vive na miséria espantosa, mas revigorada pela juventude de cada geração. (Zola *apud* Suwala, 1992, p. 41)

Essa personagem é Caroline, católica, irmã de um engenheiro que o investidor e especulador Saccard utiliza em sua ascensão e queda diante dos Gundermann (nome por trás do qual se esconde a família Rothschild), no jogo de oposições narrativas entre metrópole e novos territórios colonizados, entre os sistemas bancários católico e judeu. A *chose génitale* é a arma com a qual Saccard domina Caroline, embora ela seja capaz de usá-la, em determinado momento, em uma passagem significativa. Significativa tanto para o romance, no qual Caroline é uma espécie de Cassandra, aquela que anuncia as desgraças, quanto para a história da representação da leitura que aqui é esboçada: Caroline, leitora do *Código*, condensa, nesse breve diálogo, o domínio das últimas habilidades que ainda restavam à leitora feminina conquistar, desde *Modesta Mignon* até *A corregedora*: habilidades na compreensão da ordem social por meio das leis. Quando Saccard tenta enganá-la, explicando o sistema pelo qual pretende promover uma subscrição de ações que se furte de qualquer tipo de garantia, ela corrige o projeto de acordo com a legalidade vigente e demonstra a Saccard que ousou acessar diretamente o conhecimento do direito:

> Ela ousou afrontá-lo.
> – Pensava que a lei exigisse a subscrição integral do capital social.
> Dessa vez, muito surpreso, ele olhou-a de frente.
> – Então a senhora lê o código?
> Ela enrubesceu levemente, pois ele havia adivinhado: na véspera, cedendo a seu mal-estar, esse medo surdo e sem causa precisa, havia lido a lei sobre sociedades. Por um instante, esteve a ponto de mentir. Depois, confessou, rindo:
> – É verdade, li o Código ontem. (Zola, 2020, p. 117)

Madame Caroline, estudiosa da legislação das sociedades comerciais, atenta auditora, vigia, embora não consiga deter o percurso de Saccard, especulador e trapaceiro. Essa leitora auxiliar, técnica, supervisora legal completamente consciente, embora impotente, anuncia o fim de seus colegas oitocentistas. Madame Caroline já não lê toda a literatura, seja de ficção, filosófica, científica, popular ou edificante, como se fosse um romance sentimental. De fato, ela já não lê literatura. Ela abandona o reduto ao qual os estereótipos do século XIX a haviam confinado. Ao fazê-lo, abandona também seu papel de personagem feminina central, núcleo e motor da ficção narrativa, na medida em que sua definição estava ancorada em diversas posições em torno da literatura. Ela vai deslizando pelas páginas da lei das sociedades e começa a deixar vazio, livre, o centro da ficção. Mas apenas o anuncia, afinal, serão necessárias duas posições extremas diante da leitura: a de Dora, personagem de Freud, e a caleidoscópica perspectiva formada por diversos personagens de Conrad, para que caduque a ideia de que no domínio dos livros reside o domínio do futuro.

10. O corpo no sonho: *O caso Dora* de Sigmund Freud

Com *O caso Dora* (1905), Freud escreveu o último romance do século XIX. Provavelmente, além de ser o último, é também o mais comentado sob todos os pontos de vista: poucas bibliografias são tão extensas quanto as dedicadas a Freud, como escritor e narrador, como representante do poder patriarcal, como vencedor e derrotado em sua disputa com sua jovem paciente. Dora existiu: era uma jovem de 18 anos que se tornou a protagonista do único caso completo de histeria que seu terapeuta documentou em 1901, embora só o tenha publicado em 1905.

O relato é o seguinte: um pai, da burguesia vienense, procura a clínica da Berggasse 19, preocupado com certos sintomas de sua filha: tosse nervosa, afonia, sofrimento, mal-estar. Segundo ele, a mãe parece indiferente em relação a Dora; já a amante do pai, pelo contrário, demonstra grande interesse, ainda de acordo com ele, como fiel amiga, amada e venerada pela jovem. Um pouco ao fundo da narrativa, mantém-se o senhor K., marido da amante do pai. Já não bastam três, como no adultério clássico. Agora são cinco personagens em cena, como os cinco de *A corregedora*, os de *Pelos olhos de Maisie*, de Henry James, ou os de *O bom soldado*, de Ford Madox Ford.

A narrativa do tratamento é estruturada em torno de quatro cenas de leitura. Ou melhor, quatro cenas em que o conteúdo e a procedência dos livros são considerados cruciais para o desenvolvimento da cura. A primeira ocorre durante o relato indireto de umas férias. A mãe conta ao pai, que, por sua vez, conta a Freud: os K., os pais de Dora e as crianças passam alguns dias junto ao lago. De repente, a jovem quer ir embora e pede ao pai que a acompanhe. Intrigado, o pai pergunta à mãe a razão dessa repentina decisão; ela informa que "o Sr. K. teve a audácia de ultrapassar os limites com ela [Dora] enquanto faziam um passeio ao redor do lago" (Freud, 2017, p. 40). Então:

> Chamado a prestar contas de seu comportamento ao pai e ao tio da moça quando do encontro seguinte entre eles, o acusado negou do modo mais enfático qualquer atitude de sua parte que pudesse ter dado margem a essa interpretação, e começou a lançar suspeitas sobre a moça, que, segundo soubera pela Sra. K., só mostrava interesse pelos assuntos sexuais, e que até na própria casa dele junto ao lago lera a *Fisiologia do amor*, de Mantegazza, e livros semelhantes. Provavelmente, excitada por tais leituras, ela teria "imaginado" toda a cena que descrevera. (Freud, 2017, p. 40)

A *Fisiologia do amor* foi um dos primeiros manuais de conselhos fisiológico-sexuais para casamentos, e inúmeras traduções desse volume permaneceram em circulação até meados do século XX. Em *Freud, Dora e a Viena de 1900*, Hannah S. Decker indica que Paolo Montegazza (1831-1910), médico italiano, era "considerado uma das principais autoridades sobre a vida sexual moderna". Ela analisa sua vasta e traduzidíssima obra, na qual se destaca a trilogia *Fisiologia do amor*, célebre por sua popularidade. Entre suas "investigações apaixonadas", no terceiro volume reúne "algo de uma educação anatômica e funcional" (Decker, 1999, p. 142-143). O senhor K. acrescenta um detalhe que ouvira da senhora K., e o pai de Dora não hesita em repeti-lo a Freud: quando Dora ainda era criança, "sua última governanta, uma mulher solteira, já não jovem, de princípios avançados e que lia muito", tentou revelar-lhe a relação clandestina do pai com a senhora K.

> Essa governanta costumava ler todo tipo de livros sobre a vida sexual e coisas similares, e ao mesmo tempo lhe pedia abertamente que não comentasse sobre isso com seus pais... Por algum tempo, essa mulher me pareceu fonte de todos os conhecimentos secretos de Dora, e talvez não tenha estado totalmente equivocado nesse ponto. (Freud, 2017, p. 33)

A terceira menção aos livros ocorre durante uma sessão entre Dora e Freud, enquanto ele interpreta um sonho no qual a jovem relata a morte de seu pai:

> Informei Dora sobre as conclusões às quais tinha chegado. Suas impressões devem ter sido muito profundas porque imediatamente apareceu um fragmento de um sonho que até esse momento ela não tinha recordado: ela passeava com calma por seu quarto, e começava a ler um grande livro que tinha sobre sua mesa de trabalho. A ênfase estava aqui nos dois detalhes de "calma" e "grande" em conexão com "livro". Perguntei a ela se o livro tinha formato de enciclopédia e disse que sim. Agora, as crianças nunca leem com tranquilidade quando espulgam sobre assuntos proibidos em uma enciclopédia. (Freud, 2017, p. 88)

Três assuntos fundamentais do conflito de Dora estão relacionados aos livros: a *Fisiologia do amor*, nova ciência do século XIX; a figura da *Celestina*, a mensageira ou governanta que, como a de *Emma Bovary*, transmite à menina fragmentos de informação proibida; e a enciclopédia no sonho da morte do pai, uma promessa cumprida de acesso tranquilo ao conhecimento enciclopédico.

A quarta menção de livros em *O caso Dora* devolve a Freud seu papel de grande administrador de versões indiretas: ele infere que Dora leu descrições de doenças nas enciclopédias e que depois as representou. Do mesmo modo, ela teria fingido uma gravidez – uma apendicite – após descobrir, na enciclopédia, como os filhos são concebidos, os termos da gestação e a mecânica do parto.

Dora, a última leitora do século XIX, é monográfica: lê apenas um tipo de livro. Guiada por sua estreita perspectiva de especialista nas incipientes ciências sexológicas, interpreta a tentativa de sedução do senhor K. porque foi iniciada nas artes da suspeita por outra mulher, a governanta. Mas também escreve, como Hester Prynne, como Ana Ozores. Em seu corpo histérico, reúne tanto o saber ancestral da primeira quanto o saber novo da segunda, atenta às novidades da psiquiatria. A fusão desses dois conhecimentos obriga os outros – esse outro que é Freud – a se tornarem leitores de sua feminilidade. Dora, praticante de uma única disciplina, a sexualidade codificada, volta a ser uma leitora intensiva, mas agora já não há, fora de seu próprio corpo, uma direção espiritual comparável ao autoritarismo do Antigo Regime. Seu próprio corpo transforma, assim, a estreita biblioteca – composta apenas por livros proibidos e enciclopédias da vida sexual – na fonte da disciplina hermenêutica do século XX: a psicanálise.

11. Sociologia e imaginário da leitura

Poder fazer um percurso de Balzac a Freud, delineando as diversas funções dos leitores e, sobretudo, das leitoras em formação, sugere que, pelo menos sob essa perspectiva, a narrativa do século XIX se baseia na representação exaltada da leitura. Os novos sujeitos sociais tornam-se a própria matéria do romance, enquanto o gênero literário articula um projeto de domínio de habilidades que antes pertenciam a pouquíssimos: o reino dos indivíduos privados reunidos em público chegou, formado por leitores reais e pelas leitoras imaginadas como figuras ameaçadoras, cujo poder advém da aquisição de todas as ciências e saberes. Dora é o ápice desse desenvolvimento. Uma vez que os livros estão ao alcance de todos e todas, a narrativa do século XX se dedicará, precisamente, a questionar o que fazer com a Literatura – com o romance, com a poesia, com o ensaio –, agora que seu acesso se tornou universal. Por isso, torna-se interrogativa, especulativa, vagamente apreensiva. Por isso, as figuras da paixão pela leitura cedem lugar, progressivamente, às da extinção.

SEGUNDA PARTE

Extinção: a leitura como ameaça

– Já ouviu falar no saltério elétrico, inventado por Happolati?
– Como, elét...!
– Com letras elétricas, luminosas no escuro. Empreendimento deveras colossal. Milhões de coroas em movimento, fundições e tipografias em plena atividade, legiões de mecânicos ocupados, com salários fixos. Ouvi falar em setecentos homens.
Knut Hamsun, *Fome*

1. A biblioteca como lixeira da civilização: *Coração das trevas* e *Vitória* de Joseph Conrad

Ler e ascender socialmente no Ocidente civilizado, metas principais e equivalentes registradas pelo romance do século XIX, não parecem ser eixos fundamentais das obras de Joseph Conrad. Em vez disso, ele abarca o planeta inteiro, não apenas o Ocidente, como o espaço de uma aventura que, a princípio, é limitada, absoluta. Seu horizonte é a ausência de freios morais para a ação; sua poética, a saturação dos modelos narrativos da literatura do século XIX.

No entanto, essa aventura implica o encontro com o outro e, portanto, em Conrad, está presente um sentimento agudo da necessidade de decifrar os signos, impressos ou não, que testemunham essa alteridade plural. Por isso, é significativa, embora difícil de apreender, a obscura disputa por um manuscrito em *Coração das trevas*, assim como a sinistra persistência física dos livros, que subsistem para além da vontade ou do interesse dos personagens em *Vitória*. Em ambos os casos, trata-se de situações ligadas à leitura, ainda que esvaziada de seu potencial formativo, restando-lhe apenas um traço de corrupção e decadência.

A viagem ao coração da África narrada em *Coração das trevas* é frequentemente considerada o ápice da arte de Conrad. Em geral, a obra é interpretada como uma alegoria da aventura colonial e lhe é atribuído um significado filosófico que transcende a circunstância histórica da exploração e pilhagem do Congo pela Bélgica, período durante o qual a narrativa se desenrola. No entanto, há opiniões dissidentes: Raymond Williams e – quase nos mesmos termos – seu discípulo Edward Said insistem que o movimento da obra é exatamente o oposto: é o processo de colonização belga que constitui o verdadeiro substrato absoluto, enquanto o suposto sentido filosófico negativo deriva inteiramente dessa experiência histórica. Williams afirma, com total justiça, que não há razão para considerar a História como um simples repertório de máscaras disponíveis para uma humanidade apenas metafisicamente constituída e sempre inclinada a transformar episódios históricos em alegorias.

Marlow, o narrador de *Coração das trevas*, chega à estação africana para resgatar Kurtz – servidor extraviado da companhia importadora de marfim – e separá-lo da comunidade de canibais que o servem e o protegem. A lenta viagem rio acima é deliberadamente perturbadora, captando a perda completa de qualquer freio moral. Em sua biografia de Conrad, Jeffrey Myers observa com perspicácia que os únicos que mantêm, até o final, a observância de uma regra moral do romance são justamente os canibais, que, "pagos com fios de telégrafos e alimentados com carne podre de hipopótamo, vão morrendo lentamente" (Myers, 1991, p. 192). No entanto, permanecem fiéis ao pacto estabelecido com Kurtz. Marlow consegue transferir Kurtz para a embarcação que o levará de volta à civilização. Durante a viagem, torna-se não apenas seu interlocutor, mas, mais importante, também seu leitor e censor. Kurtz agoniza ("O horror, o horror!") enquanto Marlow sobrevive. Na realidade, ele não apenas sobrevive a Kurtz, mas também resiste a uma experiência-limite: suporta a leitura integral de um texto que Kurtz havia elaborado para a Sociedade para o Extermínio dos Costumes Selvagens. Após essa leitura completa, Marlow decide censurar um trecho do texto. Ao retornar à "civilização", conserva apenas "dezessete páginas em letras miúdas", nas quais Kurtz apela a uma "augusta benevolência" dos homens brancos em relação aos africanos (Conrad, 1999, p. 100). De forma intrincada, Marlow vai revelando à sua audiência, aquele restrito círculo de homens que ouve seu relato na embarcação ancorada no estuário do Tâmisa, o conteúdo que decidiu censurar.

Ele então confessa sua suspeita: o patético pedido de clemência que Kurtz dirigira aos senhores europeus, e que parecia aproximá-lo, em piedade, de Bartolomeu de Las Casas, devia ser anterior ao momento em que ele se entregara, junto aos "selvagens", a certos "ritos inexprimíveis". Na realidade, as "dezessete páginas de escrita firme", admite então, são apenas uma parte do legado, que terminava com a expressão de desejos ferozes que ele, como depositário, não hesitou em apagar. Esse trecho suprimido por Marlow deve ter sido escrito mais tarde, depois daqueles "ritos inexprimíveis", cujo conteúdo é deixado à imaginação tanto dos ouvintes do relato quanto dos leitores do romance. No trecho censurado, Kurtz havia escrito algo ainda mais "inexprimível" do que os próprios ritos, algo moralmente inaceitável, mas que a ficção *expressa*: após ter participado, ao lado dos africanos, de práticas que supostamente os definiam como uma alteridade radical em relação ao Ocidente, ele exortara os colonizadores ao genocídio: "Exterminai esses bárbaros!" (Conrad, 1999, p. 101). Marlow elimina essa terrível ordem, mas, antes, a insere em seu relato.

É nisso que consiste o romance, na eliminação dessa frase. No coração das trevas africanas não há tesouro nem uma mulher enigmática, como nas fantasias populares de Henry Rider Haggard: *As minas do Rei Salomão* foi publicado em 1885, e *Ela, a feiticeira*, em 1887. É evidente que, do ponto de vista da estrutura temporal e espacial, há muitos pontos de contato entre Haggard e Conrad. Mas, em *O coração das trevas*, o centro da África não guarda nada além de uma única frase suprimida: "Exterminai esses bárbaros!". Para sobreviver moralmente como personagem, Marlow apaga a palavra de ordem; para existir como narrador, contraditoriamente, ele a transcreve – e é por isso que a conhecemos. Ele diz ao seu círculo de ouvintes – e nos diz – que decidiu lançá-la na "lata de lixo do progresso, junto com todos os gatos mortos da civilização" (Conrad, 1999, p. 101). A lata de lixo do progresso, os gatos mortos da civilização, somos nós, os leitores: o conhecimento dessa frase nos torna cúmplices.

A leitura deixou de ser um estímulo, a promessa de um sujeito mais pleno, e se tornou uma maldição. O poder que antes lhe era atribuído evaporou-se lentamente ou transfigurou-se em algo maligno, além da civilização, porque todas as ações humanas valiosas concebidas a partir do valor atribuído aos livros parecem já ter ocorrido. O que resta é o mal. Não o mal *inefável*, mas um mal *escrito*, expresso no lema de Kurtz, cuja leitura nos torna agentes desse projeto histórico e político e responsáveis por suas consequências.

Em *O coração das trevas*, Conrad é explícito quanto a essa peculiar equação entre o poder da escrita e a potência do mal. No entanto, podemos encontrar um outro significado, ainda mais intrigante, do novo e, ao mesmo tempo, caduco papel maligno da letra impressa em *Vitória*. Esse romance, publicado em 1916, narra uma história sórdida ambientada na natureza prodigiosa da Ásia, muito semelhante à claustrofóbica de *A loucura de Almayer*, o primeiro romance de Conrad. O senhor Heyst, um sueco desenraizado e administrador de uma mina de carvão no meio do arquipélago malaio, leva consigo uma jovem que conheceu em um hotel e a resgata de sua vida errante junto a uma orquestra itinerante. O dono do hotel, que deseja a menina, convence três aventureiros de que, além da garota, o sueco levou para a remota baía de sua ilha um tesouro roubado de um amigo.

Um breve interlúdio de paz e silêncio é concedido à jovem e a Heyst: três meses. Depois, chegam os aventureiros, fingindo uma avaria em sua embarcação. Enquanto procuram indícios do tesouro inexistente, um deles invade a casa de Heyst para conhecer seus costumes, hábitos e descobrir seus segredos:

> Contra sua vontade, Ricardo, lançando olhares rápidos em todas as direções, encontrou-se nos degraus do bangalô de Heyst (...). Ele subiu os degraus com uma ação selvagem (...). Entrou na sala, virando a cabeça de um lado para o outro. Para os seus olhos, trazidos do estonteante sol até aquele lugar, tudo foi escuridão por um momento. Quando suas pupilas dilataram rápido como as de um gato, ele distinguiu uma enorme quantidade de livros. Ficou impressionado; e também desanimado. Aborreceu-se com sua surpresa. Tinha a intenção de observar o aspecto e a natureza das coisas e esperava obter alguma dedução útil, alguma pista sobre aquele homem. Mas que palpite ele poderia dar sobre uma multidão de livros? (Conrad, 2016, p. 282)

O intruso não sabe a origem desses livros, mas o leitor a conhece desde a metade do romance. Heyst trouxe consigo para a Ásia a biblioteca de seu pai, filósofo e publicista radicalmente cético e pouco conhecido, "um destruidor amordaçado de sistemas, esperanças e crenças", um "amargo receptáculo de vida". Numa noite, antes da chegada dos aventureiros, Heyst descreve à jovem como seu pai se tornou escritor:

> Vejo que você ainda está preocupada com o mistério de minha existência aqui; mas não há nada de misterioso nisso (...). O homem com a pena na mão, naquele retrato que você tanto olha, é responsável pela minha existência. Ele também é responsável pelo que minha existência é, ou melhor, tem sido. Era um grande homem à sua própria maneira. Não sei muito da história dele. Suponho que começou com as outras pessoas; tomou belas palavras como se fossem boas moedas sonantes e ideais nobres como se fossem valiosas cédulas bancárias. Ele próprio era um grande mestre das duas coisas, a propósito. Mais tarde ele descobriu... como posso explicar isso para você? Suponha que o mundo fosse uma fábrica onde os operários fossem toda a humanidade. Bem, ele descobriu que os salários não eram bons o bastante. Que estavam sendo pagos com dinheiro falso. (Conrad, 1999, p. 200)

Mais aterrador que o horror de Kurtz, o espanto do pai de Heyst antecipa a utopia totalitária: o mundo como uma fábrica, a humanidade como um operário coletivo, com salários insuficientes pagos em dinheiro falso; diante disso, o filho decide tornar-se "um espectador, se isso fosse possível" (Conrad, 1999, p. 200).

Mas não é possível "ser um espectador", como se verá, e Conrad não esgota as variações dessa impossibilidade em um único episódio. Poucas páginas depois, Heyst decide ler um dos volumes paternos, um livro de título vagamente kierkegaardiano, *Pó e tormenta*, composto por "aforismos, máximas, reflexões". Ao lê-lo, sente como se ouvisse a voz do pai, como se seu próprio sangue pudesse senti-lo. E Heyst, o filho, leu: "Entre os estratagemas da vida, o mais cruel é o consolo pelo amor; o mais sutil também. Pois o desejo é o leito dos sonhos" (Conrad, 1999, p. 220).

"O desejo é o leito dos sonhos" e conduz à perdição, como Heyst aprende quando, duas páginas depois, admite que Lena, a jovem resgatada da orquestra itinerante, "era para ele *como um manuscrito em uma língua hieroglífica; ou um mistério ainda mais elementar: como um texto qualquer para um analfabeto*" (Conrad, 1999, p. 223, grifo da autora).

O filho leitor do escritor de utopias malditas tornou-se um analfabeto. Tudo está perdido; já sabemos. Sempre se sabe nos romances de Conrad, embora os mecanismos da perdição sejam inesperados e seu ritmo siga padrões não inteiramente fixados pela tradição narrativa anterior. Heyst e a jovem morrerão, e os livros do pai de Heyst arderão no fogo destruidor, junto com a casa, conforme registram, pouco depois, os delegados coloniais:

> – E então, excelência, eu fui embora. Já não havia nada a ser feito lá.
> – Naturalmente, assentiu o alto funcionário.
> Davidson pareceu refletir sobre o assunto, balançou a cabeça e então murmurou, com uma tristeza plácida:
> – Nada! (Conrad, 1999, p. 393)

"Nada" é a palavra final de *Vitória*, uma refutação distorcida do título, o que cria um irônico contrassenso e acentua o caráter desconcertante desse canto à derrota irremediável de todos os valores associados à leitura e ao contato com os livros. Heyst reduz os textos de seu pai ao absurdo e à inutilidade e reduz a si mesmo ao analfabetismo diante de Lena. A fogueira de *Vitória*, que nada tem dos brilhos artificiais de tantos lamentos contemporâneos pela perda das tradições literárias, possui, no entanto, uma severidade profunda e necessária: não é um diagnóstico. Ainda é uma pergunta.

2. O combate mental pelos livros: *Entre os atos* e *"ler"* de Virginia Woolf

Entre os atos é o último romance de Virginia Woolf e trata da degradação e extinção da biblioteca. O primeiro aspecto perceptível não é o desdobramento desse tema, mas seu caráter relativamente tradicional em comparação com romances anteriores da própria Woolf. Por exemplo, a obra reproduz, com fervorosas técnicas realistas – ausentes em *As ondas* e apenas parcialmente retomadas em *Os anos* –, o pequeno mundo da fidalguia rural inglesa. Também se percebe rapidamente que o romance é um lamento pela perda do mundo anterior à Segunda Guerra Mundial. Virginia Woolf o escreveu durante a Batalha da Inglaterra, embora tenha ambientado a trama em junho de 1939, dois meses antes da invasão da Polônia. Há ainda indicações muito precisas no relato sobre os acontecimentos na Europa naquele verão: um dos protagonistas lê no *The Times*: "O Sr. Daladier conseguiu dar estabilidade ao Franco" (Woolf, 2008, p. 26).

A percepção da guerra envolve toda a narrativa; visual, auditiva, jornalística, radiofônica. Há uma urgência, um tom carregado de ansiedade, que exige lidar com novas condições de vida e novos protagonistas: soldados, propagandistas, discursos patrióticos. Uma enxurrada de palavras que sugere, paralelamente, a degradação da biblioteca.

Não era a primeira vez que Woolf utilizava o tom de guerra, embora antes o fizesse mais como pano de fundo do que como material narrativo explícito. Dessa forma, conseguia extrair dessa experiência coletiva uma contrapartida: registrar, sem necessidade de exposições diretas, o aniquilamento do indivíduo em nome da História. Ela já havia praticado isso em *O quarto de Jacob* (1923), fundindo o luto pela morte de seu irmão Thoby, a quem o romance é dedicado, com a evocação contida do personagem Jacob, morto nas trincheiras. Assim, combinava dois planos distintos: por um lado, o lamento doméstico, tipicamente feminino, pelo soldado ausente; por outro, o registro histórico do destino da Europa entre 1914 e 1918:

> Os navios de guerra lançam seus holofotes sobre o Mar do Norte, mantendo suas seções escrupulosamente separadas. A um sinal dado todas as armas apontam para um alvo que (o mestre-artilheiro conta os segundos, relógio na mão – no sexto ergue o olhar) explode em fragmentos. Com igual diferença uma dúzia de jovens na flor da idade baixa com rostos calmos às profundezas do mar; e impassivelmente (embora com perfeito domínio da maquinaria) sufocam juntos, sem queixume. (Woolf, 2008, p. 210)

Elusiva e indireta, mas categórica, Woolf estabelece no romance um espaço privado para a paz (os que se lembram de Jacob ou falam sobre ele) e outro coletivo para a guerra ("o antigo cortejo de exércitos saindo em formação de combate pela planície") (Woolf, 2008, p. 221).

Em *Mrs. Dalloway* acontece o mesmo, mas agora já não há separação entre o espaço privado da paz e o coletivo da guerra: o pós-guerra consiste em duas esferas que flutuam em uma Londres desprovida de espaços públicos, uma Londres onde cada indivíduo está suspenso, sem contato com o outro. Porém, Septimus Smith, protagonista do romance junto a Clarissa Dalloway, a quem nunca conhecerá, vem do território exterior, das trincheiras. A voz narrativa onipresente, instrumento refinado e carregado de um detalhismo caleidoscópico, sintetiza a experiência bélica de Septimus para que o leitor perceba, ao mesmo tempo, o vínculo – e também a separação – entre a História coletiva e a loucura individual: "Havia aprendido com a guerra. Era algo sublime. Participara de todo o espetáculo, amizade, guerra na Europa, morte, fora promovido, ainda não completara trinta anos e estava fadado a sobreviver" (Woolf, 2017, p. 112).

A pedagogia das trincheiras se traduz em uma modificação patológica na maneira de ler. Septimus Smith, sobrevivente, já não lê literatura como fazia antes de atravessar os campos de batalha; o soldado que retorna lê – ou acredita ler – diretamente os sentimentos:

> Ali ele voltou a ler Shakespeare. Aquele estado juvenil de inebriamento com a língua – *Antônio e Cleópatra* – murchara por completo. Como abominava a humanidade, esse Shakespeare – o fato de a gente se ataviar, gerar filhos, a sordidez da boca e do ventre! Isso é o que se tornou óbvio para Septimus; a mensagem oculta na beleza das palavras. O sinal secreto que passa disfarçado de uma geração a outra é a abominação, o ódio, o desespero. O mesmo em Dante. O mesmo em Ésquilo (traduzido). À mesa, Rezia se punha a adornar chapéus. (Woolf, 2017, p. 114)

Essa é a demência de Septimus: uma maneira direta e alucinatória de leitura das emoções. A irônica "sublimidade" da educação que recebeu na guerra provoca sua distorção psicótica; Septimus elimina a captação estética da forma e, portanto, dissolve a distinção entre letra e vida ao retornar à vida civil. *Mrs. Dalloway* é a única obra de Woolf em que a loucura é narrada explicitamente e vinculada a algo que poderíamos chamar, no caso de Septimus, de indigência hermenêutica. Se em *O quarto de Jacob* a evocação da ordem de batalha servia para reforçar o vazio semântico da morte de Jacob, aqui é o extravio de Septimus que revela o preço da sobrevivência. O soldado que retorna já não consegue ler os livros como livros. Ele os transforma em seres vivos. A loucura elimina a percepção da forma artística, que é mediação. Ocorre então o encontro alucinatório entre Septimus e Shakespeare, Dante ou Ésquilo. O que interpelam não são as palavras de Shakespeare, Dante ou Ésquilo, mas seus sentimentos; apresentados como portadores horríveis de uma "mensagem oculta sob a beleza das palavras": ódio.

Como outros autores do período, Woolf nem sempre evitava o uso dos procedimentos do realismo. Há cartas de novembro de 1918 – a mesma época em que começava a planejar a estrutura elusiva do personagem de Jacob – em que descreve para sua irmã Vanessa o dia do armistício com uma singular e aguçada catalogação da vida social.

Essa acuidade não depende apenas de suas habilidades técnicas para a estampa *costumbrista*, mas também da possibilidade da sua capacidade de perceber o coletivo e o individual, como esferas nitidamente separadas, tão separadas quanto a frente de batalha e a retaguarda na Grande Guerra:

> Todo mundo parecia estar um pouco bêbado – iam passando garrafas de cerveja –; as mulheres beijavam todos os soldados feridos; ninguém tinha a menor ideia de onde ir ou o que fazer; a multidão era enorme, subia e descia pelas ruas agitando bandeiras e saltando para o interior do ônibus, mas em um estado de tamanha desorganização, desânimo e sordidez, que eu estava sentindo-me cada vez mais melancólica e desesperada com a raça humana. Os pobres de Londres, meio bêbados e muito sentimentais ou totalmente alienados, com suas vozes horríveis e roupas e dentes estragados, te fazem duvidar se alguma vez será possível algum tipo de vida decente ou se importa realmente que estejamos em paz ou em guerra. (Woolf, 1993, p. 63)

A descrição é direta, mas a disposição é idêntica à de seus nada diretos romances do mesmo período: assim como havia, de um lado, as trincheiras e, de outro, a retaguarda, há também a oposição entre o coletivo e o indivíduo: "a multidão densa" de vozes horríveis e dentes arruinados, e aquele que a observa e a narra de fora, "cada vez mais melancólico e desesperado com a raça humana". Não há dúvida sobre quem é capaz de ler dentro desses termos opostos: não a multidão, mas aquele que escreve "cada vez mais melancólico e desesperado com a raça humana".

O quarto de Jacob e *Mrs. Dalloway* são obras do pós-guerra: suas respectivas datas de publicação são 1922 e 1925. Mas *Entre os atos* pertence inteiramente à guerra de 1939-1945 e, por isso, pulsa nela uma relação obscura e singular entre História e indivíduo. Não é apenas a contemporaneidade que impede Woolf de transmitir um esquema inteligível do processo; a representação desse vínculo já se tornara um problema irresolúvel tanto nos termos literários praticados pela tradição oitocentista quanto nos da narrativa da primeira metade do século XX: Conrad, como muitos outros, evidencia a tendência à desrealização da experiência histórica. Woolf, por sua vez, capta essas novas condições, se tomamos como sinais dessa captação suas transformações e inovação do léxico e sua representação da biblioteca, um tema obsessivo tanto em *Entre os atos* como em alguns de seus últimos ensaios.

Entre 1939 e 1941, período em que escreveu esse romance, Woolf fez muitas alusões às metralhadoras, ao ruído dos aviões e aos bombardeios em artigos, ensaios e anotações. Esses eventos foram descritos em diários, cartas e conferências. Registrou anedotas sobre os primeiros aviadores alemães feitos prisioneiros após a queda de seus aparelhos perto de Rodmell, sua casa às margens do rio Ouse. Um dos textos mais reveladores de *Momentos de vida*, "Um esboço do passado" (iniciado no final de abril de 1939 e publicado postumamente), é repleto, como se fosse um diário, de anotações sobre o presente bélico, que são, ao mesmo tempo, reflexões sobre o mecanismo da memória:

> 29 de julho de 1939. Fui obrigada a interromper-me novamente e tenho a impressão de que essas interrupções serão o fim desta autobiografia (...). Escrevo isto, em parte, para recuperar minha noção do presente fazendo o passado sombrear essa superfície partida. Desço então, tal qual uma criança avançando de pés descalços num rio de águas frias, novamente para o fundo desse rio. (Woolf, 2020, p. 58-59)

E mais adiante: "Continuo (22 de setembro de 1940) neste dia chuvoso – pensamos agora no tempo por afetar invasões, por afetar ataques, e não por ser um tempo de que gostamos ou não gostamos particularmente" (Woolf, 2020, p. 97).

Como mencionei anteriormente, ainda há, em *O quarto de Jacob* e em *Mrs. Dalloway*, um traço característico de Stendhal ou mesmo de Tolstói, uma nítida divisão espacial entre a retaguarda, onde se desenrola a narrativa, e o front – demarcado com clareza –, com seus "velhos exércitos se alinhando em formação de batalha". Entre 1939 e 1941, no entanto, Woolf escreve um ensaio com uma abordagem muito diferente para interpretar essa fissura que a situação inédita introduz na "superfície fragmentada" de seu presente: por meio de conexões e justaposições de impressões e reflexões, ela escreve em uma retaguarda que já é um front. Não haverá mais velhos exércitos se alinhando em "formação de batalha". Não haverá mais formação de batalha.

Em agosto de 1940, o sentimento de fusão entre front e retaguarda se revela evidente, e muito mais arriscado, como um salto sem rede. O texto começa de modo jornalístico, situando-se na imediaticidade:

> Os alemães invadiram esta casa ontem à noite e também na noite anterior. Aqui estão eles de novo (...). Lá em cima, no céu, jovens ingleses e jovens alemães estão lutando entre si. Os defensores são homens, os atacantes são homens. As armas não são dadas às mulheres inglesas, nem para combater o inimigo, nem para se defenderem (...). No entanto, se ela acredita que a luta que está acontecendo no céu é uma luta dos ingleses para proteger a liberdade, e dos alemães para destruí-la, ela deve lutar, tanto quanto puder, ao lado dos ingleses. Até onde ela pode lutar pela liberdade sem armas de fogo? (...) Mas existe outra forma de lutar pela liberdade sem armas; podemos lutar com a mente. Podemos ter ideias que ajudarão o jovem inglês que luta no céu a derrotar o inimigo. (Woolf, 1969a, p. 173-177)

Imediatamente, Woolf questiona o slogan: "O zumbido do céu estimula outro zumbido na mente. Por exemplo, esta manhã, no *The Times*, uma voz feminina dizia: 'As mulheres não têm uma única palavra a dizer na política.' (...) Esta é uma reflexão que sufoca o pensamento e incentiva a irresponsabilidade" (Woolf, 1969a, p. 177). Após contestá-lo, ela o matiza, o qualifica como convencional e vitoriano, e até flerta com a ideia, como se se divertisse ao se imaginar no papel de uma aristocrata enfermeira da Primeira Guerra Mundial:

> Essa é uma ideia que refreia o pensamento e incentiva a irresponsabilidade. Por que não enterrar a cabeça no travesseiro, tapar os ouvidos e acabar com essa atividade fútil de elaboração de ideias? Porque existem outras mesas além das de oficiais e de conferências. Não estaremos deixando o jovem inglês sem uma arma que possa ser valiosa para ele se desistirmos do pensamento privado, do pensamento à mesa de chá, porque ele parece inútil? (Woolf, 1969a, p. 174)

De maneira abrupta, interrompe esse divagar trivial e expressa sua inquietação ideológica por meio de uma invocação insólita: "Acaso não aumenta nossa torpeza perceber que, se nos mostramos sofisticados na reflexão, nos expomos ao escárnio, talvez até ao desprezo? Blake escreveu: 'Não abandonarei o combate mental.' Combate mental significa pensar contra a corrente, não com ela" (Woolf, 1969a, p. 177).

Por meio dessa inesperada citação, Woolf pulveriza lemas e slogans patrióticos; especializa-se em William Blake, um louco, um visionário, alguém que utilizava alucinações visuais e auditivas para pensar "contra a corrente". Em seguida, transforma essa insólita estratégia de legitimação em uma antirretórica de guerra: não conclama a cerrar fileiras, mas propõe substituir os soldados, pois os soldados, por sua própria natureza, não podem pensar. Sejam os soldados "aprisionados" – esse é o termo que ela usa – nos aviões que bombardeiam, sejam os ingleses "aprisionados" enquanto esperam as bombas. Há um "hitlerismo inconsciente" que aprisiona todos: o desejo de agredir, dominar e escravizar. Por isso, diz ela, é preciso pensar *pelos* jovens. O termo "escravizar" é surpreendente dentro do léxico de Woolf – nem mesmo em seus escritos feministas é recorrente. Além disso, Woolf menciona o escravo em relação à prostituta, outra figura frequente nas fantasias de submissão sexual. Por isso, compara os soldados-escravos às prostitutas, como se delineasse os elementos essenciais da sociedade totalitária: "As mulheres são escravas que, por sua vez, tentam escravizar. Se pudéssemos nos livrar da escravidão, libertaríamos os homens da tirania. Os Hitlers são alimentados por escravos" (Woolf, 1969a, p. 174).

Depois, na escuridão do quarto, com o zumbido dos bombardeios cada vez mais próximo, Woolf espera conjurar esse medo que "fixa todo o ser ao prego cravado em uma mesa de trabalho". Quando isso acontece, quando o pânico se dissipa, as vozes dos amigos retornam e, mais uma vez, vêm à memória os "fragmentos de poesia" (Woolf, 1969a, p. 174). Se o avião inimigo é abatido após ser localizado pelas baterias antiaéreas, então chega o sono. Aqui não há frente de batalha e retaguarda, nem soldados e civis; há apenas uma voz que busca o sono; e o sono lhe é garantido pela queda do soldado alemão.

A frente de batalha está no quarto da escritora, com William Blake permitindo pensar contra a corrente, mas o descanso é garantido pela vitória das baterias antiaéreas inglesas sobre os bombardeiros alemães. Ninguém pode escapar da escravidão dos homens armados por Hitler e das prostitutas: o sono tranquilo de Woolf é pago com uma morte. Sem frente nem retaguarda, a cena da leitura vai perdendo seu espaço: os fragmentos de poesia são novamente esquecidos. A narrativa desse despojamento é *Entre os atos*, que encena o desenrolar dessa progressiva e desesperada indigência.

Há dois marcos no relato: na primeira parte do romance, a biblioteca da casa dos Oliver; na segunda, a representação teatral ameaçada no jardim. O romance repete os lugares evocados na nota sobre os bombardeiros: espaços de onde retornam as vozes dos amigos e os fragmentos de poesia, de onde ainda é possível o sono, em uma noite de verão na qual se podem ouvir, quando os aviões silenciam, "os sons inocentes do campo" (Woolf, 1979a, p. 170).

Tudo começa às oito da manhã de um dia de junho de 1939, no centro da Inglaterra, em Pointz Hall, a casa dos Oliver, uma mansão de localização incongruente, voltada para o frio e a escuridão do norte, e não para o previsível e quente sul. No jardim da casa acontecerá a representação teatral anual. Os senhores da casa são dois: o idoso senhor Oliver e sua irmã viúva, a senhora Swithin. Também vivem ali o filho do velho, Giles, sua esposa Isa e seus filhos. Entre os presentes, há pessoas do vilarejo e convidados da alta sociedade. Chega a senhora Manresa, uma mulher madura, rica, casada com um judeu, Ralph Manresa – um sobrenome que a situa entre os expulsos da Catalunha nos séculos XIV e XV, que se tornaram romenos ou búlgaros e chegaram à Inglaterra em meados do século XIX. Todos leem ou comentam livros e jornais.

O livro favorito do velho Oliver é a *História universal*, cujo autor não é mencionado no texto; presume-se que qualquer leitor da época reconheceria o best-seller de H. G. Wells, amplamente traduzido e lido em todo o mundo até os anos 1970. Entusiasmado com o esquema de Wells, o velho senhor afirma que, de um avião: "Ainda se podiam ver com total clareza os rastros deixados pelos britânicos, pelos romanos, pela mansão senhorial do período elisabetano, e pelo arado, quando lavraram a colina para cultivar trigo durante as guerras napoleônicas" (Woolf, 1979a, p. 18).

Depois, seguindo Wells, o senhor Oliver evoca os "bosques de rododendros em Piccadilly, quando todo o continente estava inteiro, e não, como supunha, dividido por um canal". As populares "eras" de Wells também apareciam em outro best-seller dos anos 1930, *The Changing Face of England*, de Anthony Collet, que Woolf utiliza em outras passagens de *Entre os atos*. Essas referências não são exclusivas de Woolf: como afirma Frank Kermode, W. H. Auden tomou frases inteiras de Collet em um de seus poemas mais famosos, "On this Island". Nos anos 1930, proliferaram as meditações filosófico-geológicas sobre o futuro do planeta e suas consequências para a espécie humana, interpretada segundo grandes esquemas cíclicos. O relato das mudanças naturais como produtos de uma epopeia cósmica de perturbações em grande escala tornou-se comum, e passaram-se a exaltar os movimentos geológicos, etológicos e até filológicos como marcos na evolução do espírito da Terra. Tudo era apresentado como parte de ondas de matéria mutável, ameaçadora, cruel; as fronteiras humanas e os limites físicos pareciam instáveis, com "a terra tornando-se lodo, o mar transformando-se em recife, os fundos do oceano elevando-se nas profundezas dos vulcões marinhos" (Kermode, 1986, p. 132). Essa visão também se reflete em Auden: "Também aqui, em nosso pequeno recife, desdobra teu poder/ nesta fortaleza suspensa à borda da fenda Atlântica/ neste cais entre a Europa e o mar povoado de exilados" (Haffenden, 1983, p. 231).

Assim como Auden, o modesto senhor Oliver em *Entre os atos*, inspirado na grandiloquência de Wells, imagina "bosques de rododendros em Picadilly, quando todo o continente estava inteiro". Até mesmo a voz narrativa de *Entre os atos* adota um tom geológico, quase genealógico: "Agora, a folha denteada nos cantos sugeria, pelos contornos, a Europa. Havia outras folhas. Ela deixou esvoaçar o olhar pela superfície, batizando as folhas de Índia, África, América. Ilhas de segurança, espessas e lustrosas" (Woolf, 1979a, p. 187).

Ou insiste na raiz ancestral da humanidade, vivida como uma continuidade milenar: "Era noite, noite anterior à construção de estradas e caminhos, e de casas. Era a noite que os habitantes das cavernas haviam contemplado de algum penhasco, entre as rochas" (Woolf, 1979a, p. 198).

Após a fruição cósmica inspirada por H. G. Wells, o velho e disperso senhor Oliver salta para uma notícia que nos situa nos últimos tempos do governo da Frente Popular na França: "M. Daladier conseguiu dar estabilidade ao franco" (Woolf, 1979a, p. 17). Trata-se de Édouard Daladier, estadista participante de diversos governos franceses, que assinara, em 30 de setembro de 1938, junto com Neville Chamberlain, o Pacto de Munique, no último e desesperado esforço para evitar a guerra, e continuou como primeiro-ministro até a ocupação nazista. Tanto sobre o penhasco do poema de Auden quanto sobre a noite intemporal dos habitantes das cavernas, evocada em *Entre os atos*, paira a data definitiva da História: o avião mencionado pelo senhor Oliver é semelhante ao bombardeiro que sobrevoa Woolf enquanto ela escreve o romance, além dos artigos, resenhas, diários ou cartas. No último verão de paz da ficção, projeta-se a sombra da escrita em tempos de guerra. *Entre os atos* facilita essas transposições e obriga a antecipar-se ao tempo da narrativa para situar-se no da escrita: o presente, um tempo que nunca se conclui.

Estamos no início do verão, as janelas e os salões estão abertos, e é fácil acessar a biblioteca: "Os livros são espelhos da alma", diz, na página 19, uma senhora ingênua. Mas a biblioteca da casa, observa o narrador, não é fruto de espíritos refinados e sofisticados; pelo contrário, reflete almas entediadas ou pobres. Trata-se de uma coleção de sobras: "Como o trem levava mais de três horas para chegar àquele vilarejo remoto, bem no coração da Inglaterra, ninguém ousava empreender tão longa viagem sem se precaver contra a possibilidade de sentir fome da mente, sem comprar um livro no quiosque da estação" (Woolf, 1979a, p. 29).

São romances "baratos e emotivos" em sua maioria. Mas Isa busca algo neles. Ela tem 39 anos e sente-se "temerosa dos livros, assim como o resto de sua geração; e também temerosa das armas" (Woolf, 1979a, p. 31). Com essa mesma ingenuidade, apropria-se, sem pudor, da frase ouvida por aí: "A biblioteca é sempre o cômodo mais agradável da casa" (Woolf, 1979a, p. 31), e percorre, com apatia, os títulos: *The Faerie Queene* e *Crimea*, de Kinglake; Keats e *A sonata a Kreutzer*. O leitor atual reconhece Spenser, Keats e Tolstói, mas não Kinglake, um clássico menor da literatura imperial e vitoriana de viagens, outrora considerado um dos melhores historiadores da Guerra da Crimeia. Isa não se sente atraída. Percorre as estantes "do mesmo modo que uma pessoa com dor de dente, em uma farmácia, passa os olhos pelos frascos verdes com inscrições douradas, pensando que talvez um deles contenha seu remédio": Keats e Shelley, Yeats e Donne. A vida de Garibaldi. A vida de Lord Palmerston. Talvez a microscópica vida de um condado: *The Antiquities of Durham*, *The Proceedings of the Archeological Society of Nottingham*. A divulgação científica: Eddington, Darwin, Jeans. A vida social do poder: *The Times*.

Aqui, Woolf recorre duas vezes à voz onisciente, assumindo a cadeira de juiz; e julga Isa: "Para sua geração, o jornal era um livro". É a mesma voz que, algumas linhas antes, a qualificara como "temerosa dos livros, assim como o resto de sua geração". E é verdade: Isa despreza a biblioteca e, em vez dos livros, prefere a página policial do *The Times*, com uma notícia sobre o estupro de uma jovem: isso lhe parece mais "real". A notícia amplifica o efeito sancionador da voz narrativa. Enquanto Isa lê, com o deleite característico "de sua geração", a história truculenta do *The Times*, alguém comenta o tempo; diz-se que, para evitar a chuva, devemos bater na madeira. E o senhor Oliver, que ouve a conversa, apressa-se em buscar na enciclopédia a origem do gesto de bater na madeira: uma "superstição", anota sem hesitar por um instante (Woolf, 1979a, p. 28).

Hábitos de leitura de três gerações inglesas; incluindo um espaço para Woolf, que reserva para si, por meio da voz narrativa, o papel de conciliadora e juíza. O vitoriano senhor Oliver lê o também vitoriano H. G. Wells e consulta a enciclopédia; a narradora de vanguarda, com recaídas na onisciência oitocentista, é Woolf; Isa, que vem depois, lê notícias em um jornal. O senhor Oliver tem cerca de setenta e cinco anos, enquanto Isa tem 39. Woolf, tão próxima da voz narradora em diversos momentos, tem 57 anos quando escreve o romance. Três gerações, três tipos de leitor: o senhor Oliver, devoto de Wells e da enciclopédia; a voz de Woolf, direta, brutal e pouco complacente com a geração mais jovem; e Isa, cuja imagem fica congelada pela insistência da narradora em seu temor aos livros. Como se sua própria técnica já não lhe bastasse, como se precisasse construir outra imagem de si como escritora, Woolf reaparece em *Entre os atos* – necessitando de um lugar vitoriano – para tornar ainda mais explícita sua diferença em relação à geração seguinte, aquela que prefere os jornais aos livros. Ela começa a sentir urgências históricas; as regras do romance de vanguarda, que ela mesma ajudou a tornar uma exigência inescapável, começam a não ser mais suficientes.

Entre os muitos textos que Woolf escreveu nesse período de crise pessoal e coletiva, entre 1939 e 1941, interessa-nos, aqui, sobretudo, o ensaio intitulado "Reading" (1939). Não trata, como se poderia esperar, dos prazeres ou dificuldades da leitura como atividade estética, mas sim de sua história física, fisiológica e social: o que Fernand Braudel chamaria de *longa duração* na representação do uso e da posse dos livros. De modo muito semelhante a *Entre os atos*, em "Reading" tudo começa com uma casa de campo como cenário para a biblioteca ideal: "Por que escolheram este lugar específico para construir a casa? Talvez pela vista. Acredito que não consideravam a vista como fazemos nós, mas como um estímulo para a ambição, como uma prova de poder" (Woolf, 1969a, p. 12).

Nessa biblioteca estão todos: Homero, Eurípides, Chaucer, Shakespeare, os elisabetanos, o teatro da Restauração, Cowper, Burns, Scott, Wordsworth "e o resto". Mas o mais importante é a descrição do ambiente:

> Eu gostava de ler aqui. Alguém aproximava a poltrona maltratada da janela, e assim a luz caía por cima do ombro sobre a página (...). A sombra do jardineiro cortando a grama às vezes atravessava-a (...). Depois saíam e entravam em casa senhoras altas (...). Mas elas não me distraíram do meu livro (...). E de uma forma ou de outra, o livro estava apoiado de modo a repousar sobre um fundo de cerca viva e de um azul distante. Para mim, naquela paisagem aquilo não parecia um livro, mas algo que não estava impresso, nem encadernado, ou costurado, mas de alguma forma era o produto das árvores, dos campos e do céu quente de verão, como o ar que flutuava, nas manhãs bonitas, ao redor das coisas. (Woolf, 1969a, p. 12)

Para os antepassados elisabetanos, escrever e ler também significava fazer, dominar, possuir: os senhorios transmitiam, de geração em geração, gestos e costumes. Depois viria a linguagem dos sentimentos, que exigia poltronas confortáveis, talheres de prata e aposentos privados. Quase não há datas nesse ensaio; apenas por indícios reconhecemos as épocas. Ao longo do século XVII, a prosa inglesa direta, referencial e informativa começa a desaparecer, na qual, por exemplo, Lady Fanshawe escreve cartas descrevendo um passeio, um parto, uma colheita, a morte de uma criança. O novo modelo é o sr. Thomas Browne, leitor de Montaigne, cujos textos discorrem sobre doenças, preconceitos, etimologias e reflexões sobre si mesmo; este último tema, com formidável entusiasmo: "O mundo que me importa sou eu mesmo; observo o microcosmo do meu próprio organismo" (Woolf, 1969a, p. 12).

Woolf observa, entre resignada e intrigada, que Browne, como todos os grandes, muitas vezes é enfadonho. Mas o tédio dos grandes é diferente daquele provocado pelos escritores menores. Por exemplo, *Dom Quixote*: Cervantes é, às vezes, enfadonho e, sem dúvida, cruel. Se ele tivesse sentido a tragédia e a sátira da mesma forma que nós sentimos hoje, poderia ter sido tão insensível quanto nos parece? Shakespeare, por outro lado, trata Falstaff com a mesma dureza com que Cervantes trata Dom Quixote: "Os grandes escritores são cruéis, como a natureza é. Quanto a saber se Cervantes tinha consciência do que estava fazendo, talvez os grandes escritores nunca saibam. Talvez seja por isso que aqueles que vêm depois encontram nele o que buscam" (Woolf, 1969a, p. 15).

Por isso os grandes são enfadonhos. De fato, poderia se compilar um grande volume com as páginas mais indigestas dos grandes escritores, e "Browne contribuiria com duas ou três". Mas enfadonho também significa difícil: diante de qualquer parágrafo de *Urn Burial*, somos obrigados a parar, retroceder, tentar uma estratégia de compreensão, e depois outra. Nenhuma é suficiente. Devemos avançar lentamente. Enquanto que, por outro lado:

> A leitura tornou-se tão fácil em nossos dias que voltar a essas frases complicadas é como apenas montar um burro solene e teimoso, em vez de ir até a cidade em um trem elétrico. (...) Uma página impressa agora cumpre uma função diferente. Quase não é servil na assiduidade com que nos ajuda no nosso caminho, exigindo de nós apenas a atenção devida e em troca disso dando-nos a medida completa, mas nem um grama acima ou abaixo do que é devido? (Woolf, 1969a, p. 17)

Naqueles tempos, "ele não fazia nenhum acordo conosco. Portanto, como Browne não sente a necessidade de conciliar-se com seu leitor, esses seus pequenos livros são enfadonhos quando ele quer, difíceis quando ele quer, belo em grau supremo, além de qualquer medida, se assim desejasse" (Woolf, 1969a, p. 18). Talvez, junto com a paciência para lidar com o tédio e a dificuldade, tenhamos perdido também a experiência da beleza.

Um modo de ler se extinguiu então. Mas não por razões abstratas, e sim porque as vias de comunicação melhoraram e as grandes famílias começaram a se visitar com mais frequência do que em outras épocas. Antes do século XVIII, a literatura como tal – como instituição, diria Raymond Williams – não existia: havia apenas pessoas que escreviam poesias, cartas, memórias, relatos de viagens, tratados, informes e tragédias.

Apesar da ausência de datas, Woolf não é, de modo algum, imprecisa: em meados do século XVII, com as melhorias nas estradas entre as casas dos senhores e, portanto, com o aumento do intercâmbio com a ainda incipiente burguesia urbana, ocorre uma mudança no estatuto social dos criadores. Termina o reinado dos senhores que escreviam – ou dos criados que escreviam para os senhores –, e surgem os artistas. Dos produtores de poemas, pinturas ou tratados, passamos aos literatos. Das convicções compartilhadas por todos e das formas transmitidas conforme os caprichos e humores de quem escrevia, passamos à unidade universal da página impressa, disponível para um público incipiente e sem rosto.

Woolf escolhe o final do século XVII para situar essa mudança histórica. Ela vê a página do livro – a vê fisicamente – e lhe atribui um poder novo, uma nova exigência que não vem mais do capricho do senhor ou da resposta do vassalo, mas sim do público, esse novo leitor anônimo, espalhado ao longo de estradas melhores entre cidades e feudos.

Como Isa na biblioteca de *Entre os atos*, Woolf busca na História as causas do final da experiência literária de seus antepassados e de sua própria. E, assim como Isa, não as encontra em sua tradição pessoal. Ao contrário de Isa, porém, não despreza os livros nem prefere as notícias dos jornais. Mas é evidente que percebe a insuficiência da literatura culta, da tradição à qual ela mesma pertencia e cujo fim estava experimentando justamente porque sentia que a História fechava um círculo, em vez de lançar uma flecha para o futuro.

Ela está revisando *Entre os atos* quando, um mês antes de sua morte, escreve a Ethel Smyth, em 1º de fevereiro de 1941:

> Te disse que estou voltando a ler toda a literatura inglesa? Quando eu chegar em Shakespeare devem estar caindo as bombas. De modo que arranjei uma última cena perfeita: lendo Shakespeare e tendo esquecido minha máscara de gás, *me dissiparei e esquecerei de tudo* [as duas últimas linhas em itálico são da *Ode a um rouxinol* de Keats, aclara Susana Constante em sua tradução das *Cartas*]. Ontem abateram um bombardeiro do outro lado de Lewes. Eu ia de bicicleta para conseguir a nossa manteiga, mas só escutei um zumbido nas nuvens. Como tu dirias, graças a Deus que nossos pais incentivaram nosso gosto pela leitura! Em lugar de pensar: para maio estaremos... seja como for, penso: só três meses para ler Ben Jonson. Milton, Donne e o resto! (...) Já não posso controlar meu cérebro. Leio e leio como um asno descrevendo círculos em torno de um poço. (Woolf, 1993, p. 372)

O círculo da História é o círculo da leitura, que corrói a experiência da biblioteca e a transforma no movimento do asno na roda d'água. Cessa, então, a relação com a palavra? Seria fácil responder que sim. Pelo menos, cessa a orientação da palavra impressa para o futuro. Não é por acaso que Woolf tenha pensado em esboçar, ao final de sua vida, nos fragmentos de *Anon*, uma história da literatura inglesa que evocasse a oralidade sagrada da língua.

Voltar à oralidade para recuperar o sentido da História? *Entre os atos* é a grande preparação para essa atividade impossível, e a condensa em sua última parte, quando, em uma peça teatral, são encenados fragmentos de diversas obras da tradição literária inglesa desde a Idade Média até o presente. Ao chegar ao fim, instaura-se o silêncio; o presente não é uma obra. De maneira inteiramente deliberada, a responsável pela encenação, Miss La Trobe, decide que os atores amadores saiam da penumbra crepuscular do jardim, carregando toda sorte de espelhos, com os quais encaram o público:

> – Vejam! Estão saindo dos arbustos num bando desordenado. Crianças? Moleques... Demônios. Segurando o quê? Latas? Candelabros? Velhas jarras? Meu Deus, o espelho giratório da casa paroquial! E o espelho de mão que eu emprestei a ela. Era de minha mãe. E está rachado. Qual é a intenção, afinal? Alguma coisa luminosa que refletisse a nós mesmos!
>
> Nós mesmos! Nós mesmos! (Woolf, 1979a, p. 169)

Oralidade sem texto, assombro puro, enquanto a luz da tarde se esgota e até mesmo o mero reflexo dos espelhos se apaga. O deserto extraordinário onde o árabe e o fidalgo, evocados por William Wordsworth, enterraram o livro da natureza e o da divindade, transformou-se na noite cerrada e sufocante de *Entre os atos*, onde já não há livros enterrados, apenas espelhos escuros.

3. A zona cega: *Una meditación* e *Una tumba* de Juan Benet

Espelhos que escurecem à medida que a tarde cai, em *Entre os atos*, forçando os espectadores da peça teatral a se reconhecerem neles, até que não reste mais luz: livros sem textos, livros sem leitores. Essa luz que se extingue parece prenunciar outras figuras da extinção ligadas à leitura, outras figuras que nos obrigam a perguntar por quais representações ela será substituída, por quais suportes será sustentada e que relações projetará para o futuro. Especialmente se, como as ilusões que Ernst Bloch descreveu em *O princípio esperança*, as figuras da leitura carregam a promessa terapêutica de uma possível continuidade ou transformação vital. Mas só de maneira indireta, analisando as formas em que a extinção da leitura é tematizada em relação ao impresso, podemos imaginar essas possíveis prolongações e transformações da experiência de ler.

Várias dessas representações cruciais da extinção da leitura na narrativa da segunda metade do século XX encontram-se em Juan Benet. Em *Una meditación* (1969), romance cujo tema obsessivo é o pós-guerra, entendido como mera cristalização da vitória franquista, a extinção da leitura está vinculada à inversão do legado literário. É característico de Benet a morosidade com que introduz esse tema, apenas um entre muitos outros, todos desenvolvidos pela voz que encarna o pensamento atônito em *Una meditación*: um pai e um filho disputam uma casa, uma mulher e a duvidosa autoria de alguns poemas que, segundo o narrador, revolucionaram a literatura espanhola.

Na página 79, descrevem-se Jorge Ruán e seus filhos: Jorge – poeta e rival do pai – e Enrique, que desaparece durante a guerra. De Jorge, o filho poeta, diz-se que sua presença indelével se comprova "em todos os lugares, paragens, encruzilhadas, páginas de livros e versos que, desde então, levam seu nome" (Benet, 1985, p. 79). Pouco depois, quando o filho poeta morre, dois dias após ter se deitado com a mulher compartilhada com o pai, alguns amigos lhe entregam "um volume encadernado em couro, de uma das edições antológicas, bem antiga, da breve obra de seu filho" (Benet, 1985, p. 82). O pai, impassível, mal agradece pelo livro, embora tenha convivido com o filho poeta, que era menos amado do que o mítico Enrique, o filho mais velho desaparecido; ele apenas "abriu o livro descuidadamente, reconheceu-o com um gesto de assentimento e observou a lombada e a encadernação, que eram as únicas novidades para ele" (Benet, 1985, p. 84). Um pai, em suma, cuja mera sobrevivência é uma afronta. A partir desse momento, Benet, assim como Conrad, satura a narrativa com versões indiretas ou pouco confiáveis dessa cena, prolongando-a a um presente que se estende ao infinito, em um outono redundante, o da vitória franquista. Nesse registro, Benet está mais próximo de Conrad que de Faulkner: ambos [Benet e Conrad] desconfiam da incorporação dos registros coloquiais da língua ao romance, enquanto Faulkner é um autêntico virtuoso das falas populares, da fonética peculiar dos negros e dos brancos analfabetos do Sul ao quase idioleto de Benjy em *O som e a fúria*.

Na luta de pai e filho pela verdadeira autoria desses poemas encadernados, desenrola-se o embate entre "a série da consciência" e a "série da carne" (Benet, 1985, p. 162), cujo desenvolvimento ocupa a primeira parte de *Una meditación*. Na "série da consciência", Benet parece reescrever Bergson e Proust, ao se deleitar em vastas e espiraladas digressões – pois só há digressões nesse romance – sobre a relação entre memória voluntária e involuntária, entre anamnésia e recordação. Embora, na verdade, reescreva outra vez Conrad: todas essas sequências são lentes que ampliam até o deslumbramento as capacidades reflexivas de sua voz narradora onipresente, ardilosa e sectária, sempre pronta a administrar a informação de modo caprichoso, a julgar e, ao mesmo tempo, a semear dúvidas sobre a natureza daquilo que julga:

> Tinham chegado a dizer que ele era o poeta mais puro que o país tinha dado em muitos anos, mas ninguém teria dito isso se tivessem

> se atido ao tipo de vida que levava; ninguém nunca o viu trabalhar, sua cultura era muito escassa e – de sua posição – se vangloriava de um chocarreiro desprezo a todo mundo das letras, incluindo nele seu pai; e o que mais lhe impacientava era que em sua presença se mencionasse um verso seu ou qualquer coisa que mantivesse relação com sua obra literária. (Benet, 1985, p. 310)

Na recordação do conflito entre pai e filho – apresentado ao longo de mais de trezentas páginas como rivalidade, até que, como se verá mais adiante, revela ser puro roubo –, a "série da consciência" cruza-se com a "série da carne" de duas maneiras: primeiro, na descrição do filho poeta, que se dedica a queimar ratos, exercendo um gozo mecânico, perverso, infantil e tolerado pela família; segundo, na insinuação de que, na realidade, o filho poeta é um ladrão de palavras impressas:

> sabia que enquanto seu pai vivesse na casa – acumulando dados para incrementar o vasto material da "Descrição dos muros" sem avançar um passo na redação dela – não poderia voltar a escrever um verso – *se é que tinha chegado a escrever um só*. (Benet, 1985, p. 371, grifos da autora)

Informações caprichosas: primeiro, somos levados a acreditar que Jorge é o poeta; depois, que seu pai sente ciúmes dele e, por isso, recebe impávido a homenagem dos amigos no funeral; mais tarde, que o pai não passa de um mero cronista provinciano – "o vasto material da 'Descrição dos muros'". Por fim, no entanto, somos informados de que foi o filho quem se apropriou da obra do pai, embora o pai, ao sobreviver, aproprie-se da vida do filho, já que o mantém vivo. Em nenhum momento são incluídos trechos dessa literatura cuja posse, segundo o narrador, ambos disputam. Em vez disso, descrevendo o caminho de Jorge rumo à morte, o narrador insere uma citação de Rilke. Surpreendentemente, não se trata de um fragmento sentencioso ou gnômico, mas descritivo:

> E afirma que de noite e de madrugada às vezes também gritava, sem dúvida o mesmo grito de morte de Christoph Detlev; gritava e soluçava e bradava por tanto tempo e tão continuamente que os cachorros que a princípio o acompanhavam com seus latidos terminavam por calar-se e não se atreviam a deitar-se. E, em pé, sobre suas altas, finas e trêmulas patas, também tinham medo. (Benet, 1985, p. 376)

Há algo sintomático nesse desenvolvimento, sobretudo quando se percebe que a prática da leitura e a posse dos livros, em *Una meditación*, resultam em uma constante e frustrada dilatação de um ato impossível e incerto, cujo sentido parece obcecar Benet. Além disso, torna-se evidente um movimento implacável rumo ao rarecimento, à frustração da leitura, transformada em algo inabordável em termos estritamente estéticos.

Na segunda metade do século XX, a exigência artística dentro da narrativa tornou-se um vaivém angustiado entre a busca formal sem limites e o encerramento da forma acessível, disponível e ao alcance de qualquer leitor. Os dois polos, busca e encerramento, estão em Benet: a possibilidade experimental moderna aparece claramente na ênfase com que ele rejeita a tradição realista e naturalista, incluindo o próprio Joyce, a quem Benet, assim como, antes, Edmund Wilson, considerou o ápice do naturalismo auditivo. Já a clausura voluntária de uma relação acessível entre criador, suporte e leitor deve ser deduzida dos mecanismos altamente significativos com que Benet construiu *Una meditación*, da encenação artesanal do processo de escrita e da posterior retificação que esse artifício impôs à mecânica da escrita. O uso de um rolo de papel contínuo, sobre o qual se escrevia um único parágrafo, impedia a releitura – ou, ao menos, a dificultava ou a separava completamente da imagem do trabalho do escritor. Esse processo criava um hiato severo, quase intransponível, entre a imagem da criação e a imagem da produção do livro:

> – *Falaram muito que escreveste o romance em um rolo de papel contínuo, acoplando à máquina um dispositivo especial.*

> (...) Eis aqui o que armou um rebuliço. Como vês, não tem nada de outro mundo. Eu o desenhei e um carpinteiro fez para mim. Consta dessas duas laterais sobre uma base de madeira que assenta sobre a mesa, imediatamente depois da máquina de escrever. No eixo inferior dispus a bobina de papel, que foi o mais difícil de encontrar até que um amigo de Guipúscoa fez para mim; e no eixo superior, que é em realidade uma broca, vais enrolando a tira de papel escrita. Expus tudo assim para não deixar de escrever o romance, simplesmente assim, além de que é mais cômodo ter o original em uma larga tira que em fólios que tens que numerar ou que podes extraviar. Esses rolos de cento e muitos metros são mais baratos que os fólios, te digo isso caso te interesse. ("Enigma" [palavras catalogadas por Antonio Núnñez] *in* Benet, 1997, p. 25)

O processo de escrita imposto pelo rolo contínuo[1] está na base dessa estranha elaboração da vida literária, uma história sangrenta e magnífica de rivalidades arquetípicas entre pai e filho, na qual só restam autores, escritores e poetas, dispostos em uma linhagem invertida, onde os pais sobrevivem aos filhos e os leitores desapareceram. Ou, quando não desapareceram completamente, tornaram-se irrelevantes, como comprova esse único parágrafo nessa peça contínua de papel que foi *Una meditación*.

Por que os leitores desaparecem? Benet desenvolveu, no ano seguinte, de forma elíptica, os motivos dessa desaparição em seu prólogo para *Palmeiras selvagens*, de William Faulkner, escrito em 1970. O primeiro motivo continua ligado, como em *Una meditación*, à questão do legado, mas agora deslocado para o âmbito de uma tradução. Aqui, a razão da querela não é a autoria fictícia de alguns poemas, mas a autoridade de uma tradução autêntica. Benet se vê "obrigado" a usar a de Borges ("Prólogo" *in* Benet, 1970, p. 9), e esse

1 Algo semelhante é contado do modo de fabricação de *On the Road: pé na estrada* de Jack Kerouac, que indica que o rolo contínuo não supõe uma poética, mas uma fantasia de pureza com relação ao mercado.

gesto revela um dos traços mais consistentes de seu projeto: refundar uma língua literária castelhana anterior a qualquer sinal de decadência, cifrada em algum momento entre os séculos XVII e XIX. Uma língua que, para cumprir essa tarefa, precisaria recriar seus próprios gêneros, estilos e traduções sagradas. Sem dúvida, esse projeto contém sua própria impugnação, pois Benet não é anacrônico, pelo contrário, é um quase consumado (pós-)moderno, consciente, como qualquer outro criador da segunda metade do século XX, da impossibilidade de uma fundação radical: não traduz novamente nem sequer Faulkner – seu sucedâneo, nesse caso, de um texto sagrado –, mas usa a versão de Borges, transformando a aceitação forçada de outro castelhano em parte de seu desígnio. Assim, ele incorpora uma língua literária que aparentemente não é sua, mas que, contra sua vontade, torna-se própria ao preencher um lugar vazio: o da tradução não realizada ou realizada tarde demais. Vale lembrar que Borges traduziu *Palmeiras selvagens* apenas três anos após sua publicação nos Estados Unidos: a versão espanhola, para Benet, sequer chega *a existir*: é sua inexistência que se torna reveladora no prólogo de 1970.

Se o primeiro motivo para o desaparecimento dos leitores de *Una meditación* é explicado *a posteriori*, no problema da tradução não realizada, o segundo também surge depois, ligado à estrutura em dois blocos paralelos do romance de Faulkner, semelhante às séries "da consciência" e "da carne", que Benet provavelmente extraiu do final de *Palmeiras selvagens*, tantas vezes citado: "Não era apenas lembrança. A lembrança era apenas metade disso, não bastava. *Mas deve estar em alguma parte*, pensou. *Ali está o despojo, não eu. Pelo menos penso que não quero dizer eu*" (Benet, 1970, p. 270, grifo da autora).

Onde está a outra "metade" da lembrança? Talvez nessa construção peculiar que Benet evoca em sua apresentação de *Palmeiras selvagens*: uma "correlação de duas histórias diferentes, sem o menor parentesco nem conexão aparente no espaço ou no tempo, que se sucedem pela alternância dos cinco capítulos em que cada uma se divide" (Benet, 1970, p. 7). Essa "metade", somada à lembrança, constitui a matéria de *Una meditación*: a definição da literatura e as hierarquias nas quais ela se divide. E o caráter suspeito e espúrio que a literatura representa em *Una meditación*, por meio da luta entre pai e filho, manifesta-se na descrição da função da leitura em *Palmeiras selvagens*, cujo "Prólogo" sugere dois destinos literários: o primeiro, o de escritor obcecado por uma tradição maldita – a castelhana –, que *Una meditación* tentou suprimir; o segundo, o de leitor sofisticado em oposição aos leitores do mercado. Segundo Benet, o que move tanto o protagonista da primeira história (*Harry Wilbourne*) quanto o da segunda (*o presidiário alto*) é o fato de que ambos são leitores em fuga – e, portanto, desaparecem – dos efeitos nocivos da "pulp fiction":

> O condenado se reconhece como uma vítima do que na América se chama "pulp fiction", o que agora deram de chamar aqui literatura "sub". E são justamente os sucessos de Wilbourne como escritor de "pulp fiction" em sua volta do lago a Chicago (...) os que, ao aclarar o espectro de miséria, (...) insinuam sua transformação em marido – o verme cego a toda paixão e morta toda esperança. (...) Para não cair nisso, Wilbourne – atrás de uma ideia – foge à mina de Utah, desenganado pela "pulp fiction", pratica o desgraçado aborto, provoca a morte de sua amante e é condenado a cinquenta anos de trabalhos forçados, após renunciar ao suicídio. Uma origem oposta – mas uma conclusão parecida – ao do presidiário alto que, enganado pelo mesmo tipo de literatura, seguiu sua aventura para não tirar a limpo mais que quinze anos de reclusão. (Benet, 1970, p. 11)

Em *Una meditación*, a "série da consciência" e "a série da carne" evocam a "correlação" de duas histórias distintas, unidas por aquele traço que Benet havia descoberto em Faulkner ao ler *Palmeiras selvagens* pela primeira vez, muito antes de 1970: tanto Wilbourne quanto o presidiário alto são "fugidos" da "pulp fiction", escapam da literatura popular – assim como Benet foge de sua própria tentação pela literatura popular ao criar um dispositivo que o impede de adotar o sistema de leitura típico da "pulp fiction", baseado na organização em capítulos e na releitura contínua durante a escrita.

Por isso, um ano depois, ao sentir a tentação do gótico em *Una tumba* (1971), Benet suprime bibliotecas, livros e até leitores. Resta apenas uma criança – um herdeiro, uma espécie de príncipe desterrado para a casa do guarda e sua esposa enquanto dura o conflito. Há uma tumba profanada no início da Guerra Civil, há ossos e restos espalhados, há a memória rural de ofensas que remontam a cem anos antes, há, portanto, um espectro em *Una tumba*: portas que teimam em não se fechar, ventos que soam como vozes, violências pressentidas e incontroláveis. O menino sem nome está no centro da casa e no centro de uma herança da qual todos têm ciência – uma herança que inclui, também, uma iniciação sexual por meio de uma "senhora" jovem e bela.

É relativamente simples perceber as recorrências, alusões, extensões quase naturais dos temas arquetípicos que sustentam a imagética de Benet entre *Una meditación*, o prólogo a *Palmeiras selvagens* e *Una tumba*: as "séries da consciência" e as "séries da carne" distribuem, com uma precisão quase matemática, um mundo moral para os homens – leitores, escritores e herdeiros – e um mundo pulsional para as mulheres: em Benet, as personagens femininas são corpos concebidos como campos de batalha. Então, o que resta aqui do pai e do filho, escritores e mentirosos de *Una meditación*, o que resta dos amantes e do presidiário alto de *Palmeiras selvagens*, "fugitivos" da "pulp fiction"? Resta um caderno no qual um menino, enquanto a guerra persiste, copia um livro de leitura inteiro. Esse menino é o herdeiro, diante do qual o guarda sente medo:

> Perguntava-se frequentemente o que o menino sabia, e de onde derivava aquele porte que o revestia de certa majestade, de onde tirava forças para superar sua natureza acanhada com uma personalidade tão reflexiva. Também podemos dizer que quase toda a guerra transcorreu para ele sentado no outro extremo da mesma mesa da cozinha, com a cabeça encostada em um braço que fazia às vezes de almofada, copiando incansavelmente em um caderno – com uma letra redonda e uns símbolos e garranchos incompreensíveis – aquele

livro de leituras que a senhora lhe tinha dado ao partir, demandando-lhe que tivesse tudo escrito para sua volta, cuja data nem sequer no entorno das vagas precisões que o menino requeria se atreveu a atentar-se. (Benet, 1971, p. 24)

Em *Una tumba* não há plagiários e impostores que se apresentam como glórias nacionais, e cuja luta move *Una meditación*, nem tampouco consumidores de "pulp fiction", como no prólogo a *Palmeiras selvagens*. Resta apenas esse copista, o menino, além do guarda analfabeto e sua esposa, que lê "com muita dificuldade". O guarda sente apreensão, embora sua mulher, após decifrar com esforço a letra infantil, lhe assegure que a cópia meticulosa do livro de leitura "em nada lhes dizia respeito". Apesar dessa afirmação, ele compreende que "aquelas páginas revelavam um saber que estava além de seu alcance". Quando a batalha que os mantinha enclausurados na casa chega ao fim, o guarda sente alívio, mas logo chega uma carta, que somente o menino pode ler, enquanto sua mulher supervisiona essa "leitura que não compreendia" (Benet, 1971, p. 25). A carta se torna quase hiperbolicamente ostensiva, ocupando duas ou três páginas como o polo magnético de uma luta aberta pelo poder:

> A carta permaneceu aberta por toda uma tarde ou talvez duas, no centro da mesa da cozinha, enquanto o menino escrevia e desenhava seus exercícios e sua mulher, Maria, descascava batatas que jogava em uma panela presa entre seus joelhos. De vez em quando pegava o papel, o observava e tocava, e revisava por ambos os rostos (enquanto o menino e a mulher observavam em silêncio os sintomas de sua angústia) e voltava a deixá-lo no mesmo lugar, presa por um exacerbado transtorno. (Benet, 1971, p. 29)

Em *Una tumba*, há uma distribuição estrita e econômica das poucas habilidades remanescentes ligadas à letra impressa. O guarda analfabeto decide limpar a tumba após a chegada da carta, pois estabelece um vínculo físico, quase alucinatório, entre a folha de papel e seus atos posteriores. A mulher é uma leitora hesitante, capaz apenas de decifrar letras, mas incapaz de construir significados complexos e completos a partir dessas decifrações. O menino é o único que sabe ler e também escrever, mas se limita a copiar o livro no caderno e, no máximo, a ler a carta cujo conteúdo desconhecemos. A casa está despojada dos atributos de uma antiga residência senhorial, entre eles, o de uma presumível biblioteca. E a tumba violada, por onde rondam os fantasmas, funciona como uma caixa de ressonância da mansão igualmente profanada: profanada pela História, profanada pelo abandono dos leitores. Assim, *Una tumba* expressa a progressiva extinção das figuras da leitura na narrativa da segunda metade do século XX; por meio de um grupo exíguo – um menino e um casal de guardas – em uma casa maculada pela guerra e sitiada por uma tumba de onde até mesmo o espectro fugiu. Mas o espectro visita o menino, na vigília entre o sono e a realidade, para lhe indicar uma direção, um caminho:

> Estava em outra parte, dirigida a outra audiência, talvez; seu medo não era mais do que a imagem do medo, e seu eu o reflexo silencioso provido pelo espelho, circundado pela esfera transparente dissimulada pelos contrastes de luzes e sombras, silêncios e vozes, para outorgar-se a si mesmo uma aparência de realidade. Não, não era ali – disse-lhe – onde teria lugar o combate da experiência. (Benet, 1971, p. 98)

Tampouco "o combate da experiência" dos livros ocorre em *Una tumba*; resta apenas a evocação fantasmagórica de formas menores, degradadas, empobrecidas da leitura; um copista, uma mulher que decifra letras, um analfabeto.

4. Macabéa, a resistente: *A hora da estrela* de Clarice Lispector

A instituição Lispector

Lispector, emblema de uma literatura nacional que ela deslocou – e cujo deslocamento foi e continua sendo estudado constantemente pelos grandes críticos brasileiros. Lispector, cuja obra foi uma revelação para Hélène Cixous: sem se preocupar com a origem ou a língua da escritora, Cixous a elevou como modelo da noção de "escrita feminina" como posição do sujeito, independentemente de seu gênero: situando-a ao lado de Franz Kafka, James Joyce ou Jean Genet. Lispector, um instrumento laico para as revisões modernas do dispositivo cabalístico que, desde o século XIII, uniu as tradições judaica e cristã. Lispector, aquela que desbravou a última fronteira entre o animal e o humano: em seus contos, o animal é uma força que questiona qualquer convicção sobre a separação nítida entre nossa existência e as outras espécies que nos cercam. Lispector, a autodidata, a leitora silvestre de Monteiro Lobato e Dostoiévski. Lispector, que, sobre a mesa de *A hora da estrela*, estende, como um texto sagrado, apenas um título, *Humilhados e ofendidos*. E Lispector, que dispõe, nesse mármore de dissecção, por meio de uma mão intermediária, a pele cinzenta manchada de branco de sua personagem: Macabéa.

Essa pele é um pergaminho, um texto que recobre a ossatura do último membro de uma linhagem de Israel, que, cerca de duzentos anos antes de Cristo, levantou-se contra a helenização dos hebreus. Os macabeus são mencionados na festa de Chanucá, que celebra essa rebelião. O nome também se popularizou na tradição cristã.

Não quero atribuir a Macabéa, em *A hora da estrela*, uma densidade hermética. Pelo contrário, o que Lispector faz é cobrir com esse nome – que evoca fidelidade a uma crença, a um povo, a uma família

– alguém que parece ser o oposto de sua designação. Macabéa é uma moça desprovida de qualquer fé, proteção ou comunidade, que retorna do vasto Nordeste seco e brutal do Brasil: o *Sertão*, a terra para onde a própria Lispector chegou.

Lispector e o deslocamento de uma literatura nacional

Clarice Lispector (1920-1977) tinha dois anos quando sua família, de judeus ucranianos, chegou a Maceió, no estado de Alagoas, no Nordeste. Depois, a família se mudou para Recife, capital de Pernambuco, também no Nordeste da costa do Brasil. Era a caçula de três irmãs, e, na cidade, já viviam parentes seus. Em casa, falavam ídiche e russo; há registros de um certificado de seus primeiros estudos no Collegio Hebreo-Idish-Brasileiro. Aos 12 anos, ingressou no Colégio Pernambucano. Aos 14, após a morte da mãe, a família se mudou para o Rio de Janeiro; em 1943, formou-se como advogada e casou-se com o diplomata Maury Gurgel Valente, com quem teve dois filhos. Em 1944, publicou *Perto do coração selvagem*: uma comoção estética para a sociedade literária brasileira. Viveu 16 anos nos Estados Unidos e na Europa; em 1959, separou-se do marido e voltou ao Brasil.

Hoje, dispomos de várias biografias sobre Lispector. Destaco uma muito confiável e bem documentada, a de Nádia Battella Gotlib, e outra de confiabilidade incerta, escrita pelo norte-americano Benjamin Moser, mais empenhado em enfatizar a radical estrangeiridade da judia apátrida do que em analisar o que significou articular essa condição com um país, o Brasil, que lhe deu uma língua e uma tradição literária inteiras, das quais ela se apropriou desde muito jovem. Ambas as biografias tiveram acesso a fontes privilegiadas: à irmã mais velha, Elisa (1911-1989), também escritora, devemos obras autobiográficas ricas em detalhes sobre a infância ucraniana que a caçula não podia lembrar.

Não foi por acaso que a família chegou ao Nordeste do Brasil. Nessa cidade, que, entre 1630 e 1654, esteve sob domínio holandês, estabeleceu-se, fugindo da Inquisição em Portugal e na Espanha, a primeira colônia judaica sefardita das Américas. Amparada pela liberdade religiosa da Holanda, outra parte dos sefarditas emigrou para Amsterdã, cuja sinagoga portuguesa, fundada em 1616, conserva, dizem, mobiliário de jacarandá do Brasil. Os judeus que chegaram a Recife mais tarde, nos séculos XIX e XX, já não eram sefarditas, mas, em sua maioria, russos e poloneses: os asquenazes.

Que Lispector tenha abraçado o Brasil como sua única pátria e o português como sua única língua não é algo estranho: os judeus que chegaram às Américas ibéricas foram incorporados, graças a uma educação fortemente estatal em sua concepção de nação, a uma realidade distinta da europeia. Pode-se dizer que se tratava de uma aceitação toleravelmente incômoda, muito diferente das rígidas condições e limitações dos guetos europeus e, até certo ponto, dos mecanismos segregacionistas da organização social norte-americana. Estrangeira, mas não expatriada, já que não vinha de nenhuma pátria. Como ela mesma declarou em 1942, ao solicitar a naturalização às autoridades brasileiras: se fosse obrigada a voltar à Rússia, se sentiria “sem amigos, sem profissão, sem esperança”.

Como o restante das literaturas americanas, a brasileira pode situar seu surgimento na modernidade. No entanto, não pode fazer coincidir a era de sua língua com a de sua literatura. O português, assim como o castelhano, o francês, o inglês, o holandês e as línguas africanas – introduzidas não muito depois, por meio do tráfico de escravizados – são idiomas transplantados para as Américas com o objetivo de subjugar, silenciar ou incorporar-se nas centenas de línguas orais autóctones que lhes resistiram ou se submeteram.

O vínculo entre a antiga e imperial língua transplantada e sua definição nacional nos Estados nascentes é sempre motivo de debates. Os historiadores argentinos situam o surgimento de sua literatura própria por volta da geração romântica de 1837. Nos Estados Unidos, Edmund Wilson data o surgimento tardio da prosa norte-americana durante a Guerra de Secessão.

Com o Brasil, ocorre algo peculiar: sua literatura nacional começou a tomar consciência de si mesma durante o Império da Casa de Bragança, estabelecido no país (1822/1825-1895) como um Estado já independente de Portugal. De fato, as obras-primas de Machado de Assis (1839-1908) e Euclides da Cunha (1866-1909) foram publicadas ainda no período imperial, que aboliu a escravidão em 1888. Dois anos antes, após um processo longo, reticente e tortuoso, a Espanha havia feito o mesmo em relação às suas colônias.

Muitas vezes, certas concomitâncias ou paralelos históricos – o abolicionismo foi um deles – são esquecidos no curso cultural das Américas. Por exemplo: as vanguardas europeias chegaram de forma tardia e caótica aos Estados Unidos em 1913, com a *Armory Show*, em Nova Iorque. A exposição englobava, de modo heterogêneo, desde pintores impressionistas e simbolistas até Picasso e Duchamp. Nove anos depois, a Semana de Arte Moderna de São Paulo apresentou as vanguardas europeias, mas (e nisso talvez tenha se adiantado aos estadunidenses) já encarnadas em artistas brasileiros ou europeus exilados, como Lasar Segall.

Essa assimilação foi aceleradíssima, vertiginosa. Se considerarmos que entre a morte dos fundadores da literatura brasileira e o surgimento de seus modernismos (vanguardas) há um intervalo de apenas vinte anos, percebe-se um fenômeno tipicamente americano de condensação temporal e genérica das expressões artísticas: naturalismo, regionalismo ou *costumbrismo*[2] convivem com as vanguardas. E estas, ao contrário das europeias centrais – que apagavam as fronteiras entre os países de origem de seus artistas –, são, em geral, abertamente nacionalistas, à semelhança das vanguardas russas.

Desde o início, a extensa obra de Lispector exibe sua raridade como uma luta indireta, não programática, entre o realismo e as vanguardas, entre o ruralismo e a sofisticação cosmopolita e, ao mesmo tempo, nacionalista de São Paulo. De 1944 a 1977, escreveu romances, contos, literatura infantil, crônicas jornalísticas e até conselhos para mulheres. Foi esposa de diplomata e, a contragosto, profissional dos múltiplos ofícios que orbitam a criação puramente literária.

2 Estética cuja base teórica é sobretudo hispânica.

Gonzalo Aguilar estudou a instável posição da obra de Lispector não apenas em seu contexto nacional, mas também dentro da literatura universal. Não se pode localizar, observou, aquilo que ela mesma não localiza: nem paisagem, nem região, nem contexto histórico. Tampouco foi fácil, para a crítica brasileira, enraizá-la dentro das tendências literárias nacionais.

Lispector contribuiu para essa férrea disciplina elusiva: em 1944, em plena guerra, ela estava, como esposa de diplomata, na colapsada Nápoles, já ocupada pelos Aliados. Em suas diferentes passagens pela Europa, participava das tarefas de auxílio que lhe cabiam, como relata em suas cartas. Mas, em sua criação, ela própria apagava os vestígios de sua origem, de seu entorno, de sua marca nacional e até mesmo de sua condição de judia euro-americana. Muitas vezes foi considerada estrangeira em sua própria língua; pode-se dizer que era estrangeira de sua própria condição, de suas próprias circunstâncias. Acaso ressoavam nela outra ou outras línguas, outro ouvido, outras inflexões familiares que rondavam seu acesso à língua portuguesa? Na verdade, conclui Aguilar, sua estrangeiridade advém de seu trabalho sobre a linguagem, da opacidade da escrita: a frase solta ou sincopada, a adjetivação abrupta, os meticulosos hiatos entre o tempo da narrativa e os procedimentos da representação.

Lispector foi prolífica e revelou, em numerosas ocasiões, na estrutura narrativa, na mistura entre a concretude detalhada do abjeto e a abstração discursiva, muitas das chaves de sua poética, sem que esta lhe exigisse uma fidelidade monótona. Apesar de sua profunda convicção quanto aos méritos de sua arte, era sensível às críticas e reticências de seus compatriotas, especialmente diante das acusações de uma aparente falta de sensibilidade social.

A hora da estrela

Essa obra breve, sinuosa e, ao mesmo tempo, direta foi seu último romance, publicado em março de 1977, um mês antes de sua morte. Pode ser lida, e de fato foi, como uma espécie de resposta tardia, encarnada na protagonista Macabéa, àqueles antigos reproches. Aqui, Lispector atraiu para si um corpo feio e um tanto sujo, uma alma indigente que vinha, como ela, do Nordeste. Mas não para se comover e nos comover, e sim para submetê-la à sua própria escrita; isso lhe exigiu um trabalho em espiral, com o uso de vozes delegadas e evocação de elementos folhetinescos. Os historiadores da literatura brasileira destacaram, em *A hora da estrela*, a forte presença tanto da grande tradição da literatura de cordel – que também foi amplamente difundida na América Hispânica e na Espanha – quanto da referência a Graciliano Ramos (1892-1953), autor de *Vidas secas*, obra que já contém as típicas oposições do *costumbrismo*: ricos e pobres, campo e cidade, imagem idealizada e imobilidade social.

Não posso reconstruir aqui o campo literário brasileiro em toda a sua riqueza, nem me interessa definir a literatura de Lispector como pós-nacional, como já foi feito a partir da perspectiva de uma discutível literatura universal que paira acima dos sistemas nacionais. Tampouco se trata de comentar os seguidores e seguidoras de Cixous, nem de refutá-los. Trata-se, antes, de questionar como a brutal concretude *nordestina* de Macabéa se expande, em um movimento ameboide, para múltiplas extensões. Nenhuma anula as outras. Mas suprimir alguma delas empobrece a leitura.

Para além dos evidentes ecos dos grandes antecedentes da narrativa brasileira, atrevo-me a sugerir que, sem querer, sem se importar com isso e em menos de cem páginas, Lispector incrustou Macabéa em uma linhagem que muitos leitores podem imaginar, para além de ter sido ou não seguida pela autora: a Félicité, de *Um coração simples* de Gustave Flaubert, e a esposa quase menina de *Uma criatura dócil* de Dostoiévski; a filha vesga da dona da pensão de Erdosain em *Os sete loucos* de Roberto Arlt; e Raba, a empregadinha de Manuel Puig em *Boquinhas pintadas*. É verdade que o romance de Dostoiévski que aparece em *A hora da estrela* é o imenso *Humilhados e ofendidos*, um verdadeiro repertório de todos os usos do folhetim em sua primeira fase criativa: há meninas epiléticas bastardas, equívocos, maus-tratos, humilhações, desfechos espetaculares e simplistas. Mas não importa o que Lispector menciona, nem estamos obrigados a seguir suas decisões. Por isso, para além de suas escolhas e silêncios, a literatura de Lispector se organiza em séries que os leitores constroem: talvez a de Félicité seja uma delas. E não apenas se organiza dentro dessa série; como direi mais adiante, até certo ponto, ela a encerra.

Para Vilma Arêas, *A hora da estrela* é um salto mortal tanto na obra de Lispector quanto na tradição da narrativa brasileira. Não porque dela se afastasse, mas, ao contrário, porque retorna a ela, no final da vida da autora, para tratar essa personagem insignificante, Macabéa. Lispector abre mão de outros recursos da modernidade que vinha utilizando desde *Perto do coração selvagem*, em 1944; distancia-se até mesmo de outras investigações deslumbrantes dentro de sua própria obra – como a celebérrima *A paixão segundo G.H.*, publicada em 1964. Ainda assim, mantém-se longe da tentação quase póstuma de uma abordagem naturalista do social. Não que desprezasse a observação direta da vida cotidiana, afinal, por décadas, praticou a crônica, o jornalismo de reportagem e até mesmo as chamadas páginas femininas da imprensa (reunidas posteriormente em *A descoberta do mundo*). Na verdade, *A hora da estrela* é uma refutação, transformada em romance, de um dos lugares-comuns do sentimentalismo contemporâneo. Aquele condensado em uma das frases mais enganosas, paternalistas (e até maternalistas) da cultura de massas que se pretende engajada: "dar voz a quem não tem voz". Lispector escapa de tudo isso.

A tensão entre Rodrigo S. M. e Macabéa como eixo do romance

Como Lispector faz isso? Para responder a essa pergunta, é preciso atentar para a apresentação prolongada e digressiva do relato e de sua protagonista. Primeiro, Lispector assina uma dedicatória de mais de uma página, que funciona como um manifesto estético e autobiográfico: "Dedicatória do autor (Na verdade, Clarice Lispector)".

Nessa dedicatória, um "eu" ("Na verdade, Clarice Lispector") oferece *a si mesma* a música, os seres lendários, Stravinski, os dodecafônicos; oferece-se também a cultura moderna e as vanguardas que se voltam para a *nouvelle*. Não só isso: no meio da dedicatória, esse "eu" se expande para um "nós"; depois, convoca à meditação; em seguida, confessa narrar em estado de "emergência e calamidade pública"; e tudo se encerra com um "Amém por todos nós". Esse desfecho da dedicatória transforma o manifesto estético e autobiográfico em uma prece. Lispector é capaz, com seu "Amém" e seu "Assim seja", de unir o ritmo oscilante e o murmúrio aprendido de seus ancestrais judeus, cujos dedos deslizam sobre o texto sagrado, à mais modesta e menos espetacular reza católica. Muitos já observaram que *A hora da estrela* se apresenta como uma espécie de Auto de Natal. Mas a dedicatória não basta para introduzir Macabéa. Antes disso, na página seguinte – graficamente dividida pela assinatura desenhada da própria Lispector –, há um jogo hiperbólico de 14 títulos possíveis (com a disjunção inclusiva característica de muitos folhetins e dramalhões do século XIX) para a *nouvelle*, que vão de "A culpa é minha" até "Saída discreta pela porta dos fundos".

Esses 14 títulos não correspondem a capítulos, mas pairam sobre os breves episódios que compõem o romance. Após a dedicatória e o jogo dos títulos, encontramos, enfim, a Lispector da dedicatória, o protagonista Rodrigo S. M., que é um personagem-escritor, e a jovem Macabéa, que depende da inventividade de Rodrigo S. M. Com ela, todo o seu mundo: as companheiras de quarto, o escritório, o namorado fugaz que a trai e o sonho realizado da hora da estrela, que nada mais é do que a execução da moça.

Além do "eu" da assinatura de Lispector, o romance possui dois protagonistas: um deles é o escritor inventado, Rodrigo S. M., que não age como os narradores oniscientes nem como os sutis praticantes da *oratio obliqua* que seguiram Flaubert. Rodrigo S. M. é um autor-personagem, que decide, diante dos leitores, o tom que adotará ("é um relato que quero frio", afirma) e que faz Macabéa emergir lentamente, sem jamais deixá-la sozinha. Ele intervém de forma implacável ao longo da narrativa, quase como se extraísse a descrição da jovem de um fichário de sociologia e, em seguida, submetesse a ficha a anotações sucessivas.

Mas Rodrigo S. M. é ambicioso. O começo do romance é solene, oscilando entre o *Gênesis* e a afirmação inapelável da condição elevada do escritor: "Tudo no mundo começou com um sim"; "Enquanto eu tiver perguntas e não encontrar respostas, continuarei a escrever". No entanto, esse tom solene é imediatamente colocado sob a lente do que se considera brega: "Felicidade? Nunca encontrei palavra mais louca, inventada pelas nordestinas".

Costuma-se afirmar que Rodrigo S. M. é o dono de Macabéa e que ela é um despojo; e que seu namoro com Olímpico de Jesus ilustra, mais uma vez, o poder patriarcal. Essa afirmação, no entanto, merece ser matizada. Sugiro que *A hora da estrela* é resultado de um embate contínuo entre a figura do escritor, já despojado das couraças da narrativa moderna – sem onisciência, sem elegante obliquidade – e sua alma acorrentada, Macabéa, a nordestina, a parda, a manchada, a amarelada.

Apesar da brutalidade de Rodrigo S. M., pode-se argumentar que Macabéa transforma seus próprios despojos em resistência. O embate entre a ferocidade do escritor e a resistência de Macabéa a ser apenas mais uma despossuída qualquer se manifesta desde o início. Ele afirma que ela é "como milhares", embora tenha lhe escolhido um nome que a distingue. Esse nome, selecionado por Rodrigo S. M., carrega um plano. Ainda que seja concedido a uma órfã mal alimentada, raquítica, criada por uma tia que lhe bate. Macabéa, aparentemente, trabalha até o ponto de não pensar sequer no Deus dos lamentos dos pobres, dos despossuídos, dos escravizados: "Ela não pensava em Deus, Deus não pensava nela. Deus é de quem conseguir pegá-lo" (Lispector, 1998, p. 20). A frase é teológica, alude à graça. Mas a graça não desce sobre quem busca Deus como uma luz pintada em uma ilustração popular. Os caminhos da graça são indiretos.

Contra a frase, contra o próprio Rodrigo, Macabéa possui uma graça: o ofício mínimo de datilógrafa. Ela não é criada, como Félicité, nem prostituta ou menina violentada, como as personagens de Dostoiévski. Aos 19 anos, conquistou um salário. Quero insistir que Macabéa se ergue diante de seu inventor, apesar de o relato, através da voz autoral, insistir no contrário.

Darei outros exemplos dessa tensão portentosa e secreta. No Rio de Janeiro, trabalha humilhada e explorada; tosse e se sente mal, talvez esteja tuberculosa. Quando vai ao médico e ele a interroga, espantado pela torpeza expressiva e sua dieta de cachorros-quentes, ele lhe diz para procurar um psicanalista. Por um lado, despreza seus pulmões talvez doentes; mas, por outro, com esse conselho, os leitores percebem que Macabéa vive na modernidade, em uma sociedade complexa, não estamental. A brutalidade do médico é ambivalente: ele lhe oferece um conhecimento que ela não tem ("um psicanalista") em vez de simplesmente negá-lo por meio do silêncio.

O mesmo acontece com o quarto de Macabéa na rua Acre, nos malcheirosos arredores do porto do Rio. Ela é magra; os ratos que passam são gordos, como será sua rival, Glória; no quarto, vivem mais três moças, empregadas de grandes lojas de departamento. Elas têm um rádio, e Macabéa sintoniza baixinho a Rádio Relógio Federal, cuja programação o narrador se preocupa em descrever: a emissora fazia breves interrupções com informações culturais, e Macabéa captura fragmentos da alta cultura ("Carlos Magno") e da vida natural ("o único animal que não cruza com seu próprio filho é o cavalo"). Ela tem um transe ao contemplar um arco-íris no porto; outro transe, outro êxtase, diante de uma árvore; vai ao cinema uma vez por mês. Quando vê *Humilhados e ofendidos* sobre a mesa de seu chefe, o senhor Raimundo, acontece algo que desafia ainda mais diretamente o retrato degradante que Rodrigo insiste em lhe impor. O narrador reitera que Macabéa é inconsciente de sua própria existência, mas, nesse momento, ela realiza um ato supremo de humanidade reflexiva, ela *se pergunta* ("Pensou, pensou e pensou!") se alguém a havia ofendido e chega à conclusão de que isso nunca aconteceu.

Esse é um movimento inteiramente subjetivo, autoconsciente. É claro que, em alguns momentos, Rodrigo consegue submetê-la, assim como as jovens pobres são submetidas nos folhetins. Isso acontece quando Macabéa encontra Olímpico de Jesus (ou seja, Expósito, abandonado), um nordestino como ela. Eles se reconhecem, e ele a convida para um passeio. No meio do relato, Rodrigo S. M. hesita em transformar Olímpico em mais um "idiota" no sentido de Dostoiévski – um inocente, um ingênuo –, mas, ao final, opta por atribuir-lhe a maldade do ressentido, do ardiloso: Olímpico se vinga nos mais fracos. Rodrigo o esboça e lhe concede a habilidade artesanal de esculpir figurinhas de santos, dá-lhe um dente de ouro, do qual ele se orgulha, e lhe atribui um tio que lhe ensinou a enganar e a usar as mulheres. Ainda assim, durante a conversa em um banco de praça, é Macabéa quem, contra a ignorância dele, exibe os fragmentos daquela biblioteca ouvida no rádio. Ela informa Olímpico sobre a existência de *Alice no país das maravilhas*, pergunta o significado de certas palavras ("álgebra", "eletrônico", "cultura", "renda *per capita*", "conde", "Caruso") e até expressa sua emoção ao ter ouvido a ária *Uma lágrima sombria*.

Em outros encontros, como no zoológico, ela insiste em ser um arquivo da alta cultura: "Na Rádio Relógio, disseram uma palavra que me pareceu um pouco estranha: mimetismo". Ao que Olímpico, que já matou e roubou, que é um homem feito, alguém que apenas obedece à ordem dos fatos, responde: "Isso é coisa que uma moça virgem pode dizer?".

Nesses diálogos diretos, que a crítica geralmente considerou vazios, ocorrem prodígios microscópicos. Por exemplo: Macabéa se questiona sobre o que não sabe ("mimetismo"), o que demonstra que está mais próxima do filosofar do que Olímpico, ainda que ele esteja muito mais preparado para a sobrevivência do que a moça de pele amarelada. Além disso, Macabéa está mais próxima da experiência do desejo como sombra de si mesma, de suas excitações solitárias, para depois se arrepender. Quando Olímpico a abandona por Glória, rechonchuda e mulata, ela a examina visualmente: percebe que Glória descolore de loiro o bigode e as axilas e aceita, em compensação, que Glória a encha de chocolate. O repertório de cores de pele em *A hora da estrela* é fascinante, porque opera de forma quase subterrânea; com exceção de Rodrigo S. M. (brancos os dois? Ou apenas Lispector?), todos os personagens são marcados, classificados, organizados ou desorganizados por manchas brancas e cinzentas de Macabéa, com sua condição de pergaminho doente, sua evanescência quase abstrata e, ao mesmo tempo, sua obstinação em existir.

Talvez essa evanescência e essa obstinação expliquem a natureza abrupta do discurso de Rodrigo. O escritor, preso a Macabéa apesar de si mesmo, volta a afirmar, quase no fim: "Não se tratava de uma idiota, mas ela tinha a felicidade pura dos idiotas (...); ela não sabia". Não é necessário recorrer a Freud para desnudar o mecanismo da negação, que afirma ao negar: "Não se tratava de uma idiota" equivale a "se tratava de uma idiota". O fato de Rodrigo precisar repetir que "ela não sabia" já foi previamente refutado pela própria Macabéa ao longo dos fragmentos em que se impõe diante do escritor. Ela não sabe, mas quer saber. Possui uma segunda graça: a curiosidade. Sabe perguntar.

A implosão do romance sentimental e o sacrifício de Macabéa

Se Lispector tivesse cedido à sedução de uma solução folhetinesca ou sentimental, talvez tivesse salvado Macabéa: o final, no entanto, mostra o oposto. Apesar da heroica curiosidade da moça e de sua vontade de saber, Rodrigo S. M. triunfa na luta com sua personagem. Ele usa Glória para enviar Macabéa à Madame Carlota, uma vidente "quebra-feitiços". Não falta nenhum detalhe convencional no retrato de Madame Carlota. Macabéa vai até ela, e, por quatro páginas, Rodrigo S. M. deixa que fale a velha prostituta, alcoviteira, "fã de Jesus", compulsiva devoradora de bombons. Em um monólogo surpreendentemente teatral, Carlota narra sua vida, seus desejos, seus amores. Por fim, promete a Macabéa a felicidade, a chegada de um homem estrangeiro e loiro. Ao sair para a rua, porém, um Mercedes imenso atropela a jovem; ela fica caída, agonizante, olhando um tufo de erva que cresce entre o asfalto e pensando: "nasci". Então, nas últimas páginas, emudece Madame Carlota e retorna Rodrigo S. M.: ele descreve o sangue que escorre, a garoa que cai, um violinista que começa a tocar, uma vela que alguém acende. Macabéa acomoda-se em posição fetal e diz "uma frase que ninguém entendeu": "Quanto ao futuro".

Depois, vomita, morre e parece "tão grande como um cavalo morto". As últimas páginas do romance estão repletas de comparações e alusões a animais: gaivotas, águias, ovelhas, gatos, ratos, pombas. Só no final, Rodrigo S. M. a limpa do sangue derramado e a compara a uma "caixinha de música um pouco desafinada". Todo movimento oscilante entre o animal e o humano, presente nas obras anteriores de Lispector, condensa-se nessas linhas.

Que a última palavra de *A hora da estrela* seja "Sim" tem a ver com o início do próprio romance com a criação, com a vida e com a morte. Sem dúvida, ressoa uma solenidade ritual jamais abandonada completamente. Com esse gesto, Lispector rasga, com um gesto áspero de cima para baixo, a linhagem de Félicité. Macabéa fica suspensa no ar, dentro de um gênero que se extingue: a literatura que trata das mulheres despossuídas.

Essa literatura ainda é amplamente praticada, mas seus produtos agora pertencem ao domínio da cultura de massas, inscrevem-se em um setor de "mulheres salvas por si mesmas", que talvez sejam as figuras atuais do redentorismo matriarcal.

A hora da estrela, no entanto, abre mão de qualquer pretensão consoladora. Na pele ressecada de Macabéa, escreve-se, precisamente, a promessa de uma lucidez disciplinada e constante: a arte consistiu, para Lispector, nessa promessa.[3]

3 Devo aos estudos de Gonzalo Aguilar, Florencia Garramuño, Ítalo Moriconi, Vilma Arêas e Elena Losada muitas das ideias e sugestões deste trabalho. Trata-se da tradução ao espanhol do posfácio à edição em catalão de *L'hora de l'estrella*, traduzida por Josep Domènech Ponsati, e publicada pela Club Editor, em Barcelona, 2020.

CONCLUSÃO

Os livros como espelhos cegos

Tudo o que pudemos oferecer é isto: uma terra da qual escapar. Certamente, só conseguirá quem estiver disposto a atravessar essa zona cega...
Juan Benet, *Una meditación*

Abundantes e, ao mesmo tempo, reticentes, as representações e cenas da leitura abordadas aqui, de Fielding a Benet, mudam de caráter e de objetivo, mas sempre pressupõem o suporte material do livro e, em *Una meditación*, até mesmo sua fabricação alternativa como condição da criação, cada vez mais distanciada do leitor. Dentro da ficção, falam de sua existência real e, por meio da imagem dessa existência, falam de seu sentido, se tomarmos a palavra "sentido" em sua acepção de orientação, de indicação em movimento: o futuro é esse movimento, pois a construção do sujeito moderno se deu por meio da leitura e a partir dela. Mas representação não é reflexo, nem simples constatação de um dado real: prova disso, na primeira parte deste ensaio, é a disjunção entre as abundantes leitoras da ficção e as escassas leitoras reais do século XIX; escassas, ainda que em crescimento.

Conrad, Woolf e Benet tornam evidentes duas características muito claras ligadas ao sentimento dos livros na literatura do século XX: primeiro, que a letra impressa pode subverter e ultrapassar qualquer limite moral. Prova disso é a exortação de Kurtz ("Exterminai esses bárbaros!"), escrita e pensada para ser publicada. Segundo, que a letra impressa pode não sobreviver à História – não sobrevive em *Entre os atos* – e que até mesmo uma escritora como Woolf, que sonha morrer lendo a história da literatura inglesa, pode imaginar um futuro visual – os espelhos – no qual prevalece a pura oralidade autorreflexiva: "Nós, nós!".

Benet, por fim, é o administrador do luto.

Essas são as profecias da ficção: nem previsões, nem advertências, mas fantasmas e, portanto, uniões de desejo e temor. Desejo de que o livro prevaleça, temor de que seja substituído: trata-se da forma mais simplista e, até certo ponto, demagógica de formular a questão, pois coloca a ameaça da desaparição do livro fora do próprio livro. Mas a ameaça não está fora: a literatura do século XX foi construída com plena consciência do crescimento da cultura de massas e faz parte dela, ainda que como resistência e recusa estética a aceitar suas exigências.

Por isso, é revelador que, após a história do livro, proponha-se agora, como nova disciplina, a história da leitura, entendida como um cruzamento entre as abordagens imanentes ao texto e aquelas que o estudam em sua relação obrigatória com o suporte material: ou seja, como uma história social e conceitual de suas funções imaginárias e reais. As questões que emergem desse cruzamento são sintomas dessa preocupação com o destino do livro, questões surgidas dos estudos históricos justamente a partir das incógnitas do passado. Em "Os leitores respondem a Rousseau: a fabricação da sensibilidade romântica", Robert Darnton (1986, p. 277) questiona o que realmente se lia na França do século XVIII e conclui que a leitura ainda é um mistério:

> Mas, se pudéssemos realmente compreendê-la, se pudéssemos compreender como elaboramos o significado a partir de pequenas figuras impressas numa página, poderíamos começar a penetrar num mistério mais profundo – saber como as pessoas se orientam no mundo de símbolos tecido em torno deles por sua cultura.

Roger Chartier argumenta que o mistério reside, na verdade, na dificuldade de definir a relação formal, próxima ou distante, da leitura com a literatura enquanto instituição e com o livro enquanto produto:

> Três polos, geralmente separados pela tradição acadêmica, definem seu espaço [o da história da leitura]: por um lado a análise de textos, canônicos ou ordinários, decifrados de acordo com seus gêneros, seus motivos e suas perspectivas; por outro, a história dos livros e, mais ainda, de todos os objetos e todas as formas nas quais se mostram o escrito e os discursos; por último, o estudo das práticas que, diversamente, servem-se desses objetos e dessas formas para produzir usos e significações diferenciados. (Chartier, 1996, p. 22)

Para satisfazer as exigências teóricas levantadas tanto por Darnton, com seu "mundo de símbolos", quanto por Chartier, ao definir o espaço da história da leitura (textos, livros, práticas de significação), este último propõe uma espécie de nova hermenêutica, uma versão ligeiramente modificada do que Paul Ricoeur certa vez chamou de "encontro entre o mundo do texto e o mundo do leitor" (Chartier, 1996, p. 22). A identificação das figuras da leitura dentro do próprio texto literário se tornaria uma das formas pelas quais a escrita se manifesta, conferindo a essas figuras, que produzem sentido, um papel decisivo e definidor do ponto de vista hermenêutico. Paul Ricoeur havia desenvolvido brevemente essa ideia no início de um de seus ensaios.

> Abrir ao que está para além delas a noção do tecer da intriga e a de tempo que lhe é apropriada é, finalmente, acompanhar o movimento de transcendência pelo qual qualquer obra de ficção, verbal ou plástica, narrativa ou lírica, projeta para fora de si mesma um mundo que se pode chamar o *mundo da obra*. Dessa forma, a epopeia, o drama e o romance projetam, sob a modalidade da ficção, maneiras de habitar o mundo que estão à espera de sua retomada pela leitura, sendo essa capaz, por sua vez, de fornecer um espaço de confronto entre o mundo do texto e o mundo do leitor. (Ricoeur, 1995, p. 12)

Para Ricoeur, a confrontação entre mundo e texto ocorre precisamente na "experiência fictícia do tempo" que o próprio texto narrativo propõe: é nela que residem "os aspectos propriamente temporais do mundo do texto e das maneiras de habitar o mundo projetado para além de si mesmo pelo texto" (Ricoeur, 1995, p. 12).

A "experiência fictícia do tempo" depende do desdobramento entre enunciado e enunciação e, portanto, faz parte da experiência linguística da temporalidade narrativa, que constitui seu mecanismo. Chartier toma exatamente esse campo de influência da experiência linguística e o transforma em uma experiência literária do suporte da ficção: a temporalidade narrativa do texto se converte, até certo ponto, em significação histórica do livro. Para ele, a apropriação dos significados – que Ricoeur descreve como a projeção do texto no mundo – é uma das "formas pelas quais a escrita se manifesta". Além disso, há uma equivalência entre o conjunto de significados de que fala Ricoeur e as formas a que se refere Chartier. Essa equivalência permite conectar as "formas de habitar o mundo" produzidas pela leitura com as "formas pelas quais a escrita se manifesta", entre as quais estão as figuras da leitura:

> Já não se deve atender a apenas uma definição puramente semântica do texto; na verdade, os suportes físicos produzem sentido, e um texto é o texto em seu suporte físico, pelo qual está investido de uma significação e de um estatuto inéditos cada vez que modificam os dispositivos que o propõem à interpretação. (Chartier, 1996, p. 46)

Surgiriam, assim, séries de interpretações específicas que dependeriam do suporte dos textos, e existiria uma hermenêutica do suporte, como ferramenta auxiliar do texto imanente. Quais seriam, então, os possíveis sentidos da representação do suporte dos textos dentro *dos próprios textos*?

O encontro do mundo do leitor com o mundo do texto ocorre dentro deste, mas se estende para além dele, por meio das representações da leitura: o suporte produz sentido, como afirma Chartier. Representação nas duas acepções do termo: como substituição e como imitação. Essas duas acepções permitem imaginar que, nos textos narrativos, as figuras da leitura são testemunhos, "testemunhos tangíveis" da leitura (como diria Lucien Febvre), mas, ao mesmo tempo, "testemunhos tangíveis" de sua precariedade, de sua fragilidade: elas expõem os projetos, as promessas, os sonhos ou os temores que a leitura desperta. Por isso, essas representações podem ser consideradas lugares onde se reflete sobre a literatura que está por vir.

Não são meros fragmentos ululantes de uma única e infalível Cassandra a anunciar o desastre, mas *figuras* – ou seja, silhuetas, fingimentos, sonhos. São as maneiras singulares e contraditórias pelas quais nossos antepassados imediatos tentaram compreender o papel dos novos sujeitos sociais, como as mulheres ou os plebeus, e também especular sobre as consequências da alfabetização universal, entre elas, a necessidade permanente de se distanciar desses novos sujeitos. Ao fazê-lo, projetaram essas figuras em nossa direção: seu sentido está na flecha, não no conteúdo. Do deciframento dessa tendência depende a invenção de outras figuras – outras silhuetas, outros fingimentos, outros sonhos – para esses novos sujeitos e esses novos objetivos que hoje constituem o problema fundamental da definição do literário. Somos, como leitores, consequência de uns e de outros; portanto, somos os leitores hipotéticos das novas representações.

Dei a este trabalho em sua primeira versão o subtítulo: "Paixão e extinção da leitura na narrativa moderna". Não sabemos que tipo de prática a substituirá, pois tampouco sabemos qual será o destino do livro impresso. Só sabemos que teremos de adivinhá-lo a partir de uma massa imensa de mensagens cifradas, oblíquas, misturadas. Fazer isso dependerá da experiência da História, que, em grande parte, é também a experiência da Literatura.

Neste ensaio, essa experiência foi constatada, primeiro, a partir da narrativa do século XIX, em sua obsessiva representação dos leitores e da leitura, em seu recorrente e profético imaginário da mulher leitora, de Balzac a Freud. Depois, essa constatação se transforma em pergunta: se o imaginário da mulher leitora foi tão importante no século XIX, e se, afinal, as mulheres leitoras se apropriaram, figuradamente, de todos os mecanismos de acesso aos livros, essa apropriação massiva – como metáfora da alfabetização universal – teria alguma relação com a progressiva satanização dos efeitos da leitura em certos narradores do século XX, como Conrad, Woolf ou Benet? Haveria algum vínculo entre essa visão e o desaparecimento das figuras femininas na narrativa do século XX? E com o consequente surgimento de um circuito exclusivamente feminino de consumo e produção da leitura tanto no mercado editorial quanto acadêmico? Ainda nos reconhecemos em Cervantes, como o leitor do poema de Wordsworth, o mergulhador da caverna de Montesinos e o sepultador dos segredos da natureza e da divindade? Por fim, essas perguntas se transformam em apelos, por ora sem resposta, para buscar outros suportes para a experiência literária. Ou, ao menos, para imaginar que, com outros suportes, algo semelhante à Literatura continuará existindo.

Livros e autores mencionados ou utilizados

AZÚA, Félix de. El texto invisible: Juan Benet, Un viaje de invierno. In: VERNON, K. M. (ed.). *Juan Benet*. Madrid: Taurus, 1986.

BALZAC, Honoré de. Modesta Mignon. Trad.: Rafael Cansinos Assens. In: ______. *La Comedia Humana II*: estudios de costumbres-escenas de la vida privada. Madrid: Aguilar, 1988.

BALZAC, Honoré de. Modesta Mignon. In: ______. *A comédia humana*: estudos de costumes: cenas da vida privada. Orientação, introduções e notas de Paulo Rónai. Trad.: Vidal de Oliveira. 3. ed. São Paulo: Globo, 2012.

BARTHES, Roland. ¿Qué es la crítica? In: ______. *Ensayos críticos*. Trad.: Carlos Pujol. Barcelona: Seix Barral, 1971.

BENET, Juan. *Palmeiras selvagens*. Trad.: Jorge Luis Borges. Barcelona: Edhasa-Sudamericana, 1970.

BENET, Juan. *Una tumba*. Fotos: Colita. Barcelona: Lumen, 1971.

BENET, Juan. *Una meditación*. Madrid: Alfaguara, 1985.

BENET, Juan. *Cartografía personal*. Valladolid: Cuatro Ediciones, 1997.

BÉNICHOU, Paul. *L'école du désenchantement*: Sainte Beuve, Nodier, Musset, Nerval, Gautier. Paris: Gallimard, 1992.

BLOOM, Harold. *The Western Canon*: the books and the school of ages. New York: Harcourt and Brace, 1994.

BOSWELL, James. *The life of Samuel Johnson*. Ed.: John Canning. London: Methuen, 1991.

BOSWELL, James. *A vida de Samuel Johnson*. v. 3. Trad.: José Filardo. Amazon Digital Services, 2019.

BRADBURY, Ray. *Fahrenheit 451*. Trad.: Alfredo Crespo. Barcelona: Plaza y Janés, 2000.

BRONTË, Charlotte. *Villette*. Trad.: P. Elías. Barcelona: Nausica, 1944.

BRONTË, Charlotte. The Visionary. In: DAVIES, Stevie (ed.). *The Brontë Sisters*: selected poems by Charlotte, Emily and Anne. Cheadle: Carcanet, 1976.

BRONTË, Charlotte. *Shirley*. Ware, Hertforshire: Wordsworth Classics, 1993.

BRONTË, Charlotte. *Villette*. Trad.: Solange Pinheiro. São Paulo: Martin Claret, 2016.

BRONTË, Charlotte; BRONTË, Emily; BRONTË, Anne. *Poemas escolhidos das irmãs Brontë*. Trad.: Ana Maria Chaves. Lisboa: Relógio d'Água, 2014.

CABALLERO, Fernán. *Clemencia*. Ed.: Julio Rodrigues Luis. Madrid: Cátedra, 1982.

CÉLINE, Louis-Ferdinand. *Viaje al fin de las noches*. Trad.: Carlos Manzano. Barcelona: Edhasa, 1993.

CÉLINE, Louis-Ferdinand. *Viagem ao fim da noite*. Trad.: Rosa Freire de Aguiar. São Paulo: Companhia das Letras, 2009.

CHARTIER, Roger. Figures de l'auteur. In: ______. *Culture écrite et société*: l'ordre des livres (XIV-XVIII siècle). Paris: Albin Michel, 1996.

CLARÍN [Leopoldo Alas]. *A corregedora*. Trad.: Joana Morais Varela. Lisboa: Contexto Editora, 1988.

CLARÍN [Leopoldo Alas]. *La Regenta*. Edição e notas: José Luis Gómez. Introdução: Sergio Beser. Barcelona: Planeta, 1989.

CONRAD, Joseph. *Victoria*. Trad.: Alejandro Gándara. Madrid: Alfaguara, 1988.

CONRAD, Joseph. *El corazón de las tinieblas*. Trad.: Sergio Pitol. Barcelona: Lumen, 1999.

CONRAD, Joseph. *Vitória*. Trad.: Hilton Lima. Porto Alegre: Dublinense, 2016.

DARNTON, Robert. *O grande massacre de gatos*. Trad.: Sonia Coutinho. Rio de Janeiro: Graal, 1986.

DARNTON, Robert. *La gran matanza de gatos y otros episodios de la cultura francesa*. Trad.: Carlos Valdés. México: FCE, 1987.

DECKER, Hannah S. *Freud, Dora y la Viena de 1900*. Trad.: Barbara Hopkins. Madrid: Biblioteca Nueva, 1999.

ECO, Umberto. *Lector in fabula*: la cooperación interpretativa en el texto narrativo. Trad.: Ricardo Pochtar. Barcelona: Lumen, 1981.

ELIOT, George. *Middlemarch*. London: Penguin Classics, 2003a.

ELIOT, George. *The mill on the Floss*. London: Penguin Classics, 2003b.

EMERSON, Ralph Waldo. Napoleon or The Man of the World. In: PORTE, Joel (ed.). *Essays and Lectures*. New York: Literary Classics of The United States, 1983.

ERIKSON, Erik H. Reality and actuality: an address. In: BERNHEIMER, C.; KAHANE, C. (ed.). *In Dora's case*: Freud-hysteria-feminism. New York: Columbia University Press, 1985.

FERNÁN CABALLERO [Cecilia Böhl de Faber]. *Clemencia*. Ed.: Julio Rodríguez Luis. Madrid: Cátedra, 1982.

FIELDING, Henry. *La historia de Tom Jones, expósito*. Trad.: Enrique de Juan. Barcelona: Planeta, 1989.

FLAUBERT, Gustave. *Madame Bovary*. Trad.: Mateus Alves Rodrigues. União dos Irmãos: Literatura Clássica, 2023.

FREUD, Sigmund. O chiste e sua relação com o inconsciente. In: ______. *Obras completas*. v. 7. Trad.: de Fernando Costa Mattos e Paulo César de Souza, 2017.

FOUCAULT, Michel. *L'archéologie du savoir*. Paris: Gallimard, 1969.

GÓMEZ DE AVELLANEDA, Gertrudis. Autobiografías. In: CATELLI, Nora. *El espacio autobiográfico*. Barcelona: Lumen, 1991.

GÓMEZ DE AVELLANEDA, Gertrudis. *Autobiografía y cartas (hasta ahora inéditas) de la ilustre poetisa Gertrudis Gómez de Avellaneda*. 2. ed. Madrid: Imprenta Helénica, 1914.

GRAMSCI, Antonio. *Cultura y literatura*. Trad.: Jordi Solé Tura. Barcelona: Península, 1972.

GRAMSCI, Antonio. A origem popular do super-homem. In: ______. *Cadernos do cárcere*. v. 4. Caderno 16. Trad.: Carlos Nelson Coutinho e Luiz Sérgio Henriques. Rio de Janeiro: Civilização Brasileira, 2007.

GRAMUGLIO, María Teresa. Un postmodernismo crítico. *Punto de vista*, Buenos Aires, n. 42, p. 27-33, abr. 1992.

HAFFENDEN, John (ed.). W. H. *Auden*: the critical heritage. London: Routledge and Kegan Paul, 1983.

HAMSUN, Knut. *Hambre*. Trad.: Kirsti Baggethun e Asunción Lorenzo. Madrid: Ediciones de la Torre, 1997.

HAMSUN, Knut. *A fome*. Trad.: Carlos Drummond de Andrade. São Paulo: Círculo do livro, 1984.

HAWTHORNE, Nathaniel. *La letra escarlata*. Trad.: Pilar Serrano e José Donoso. Barcelona: Círculo de Lectores, 2000.

HUYSSEN, Andreas. Mass Culture as Woman: Modernism's Other. In: ______. *After the Great Divide*: modernism, mass culture, postmodernism. Bloomington: Indiana University Press, 1986.

KERMODE, Frank. *Historia y valor*. Trad.: Nora Catelli. Barcelona: Península, 1986.

LEAVIS, Q. D. *Fiction and the reading public*. London: Chatto & Windus, 1978.

LISPECTOR, Clarice. *A hora da estrela*. Rio de Janeiro: Rocco, 1998.

MÁRMOL, José. *Amalia*. Prólogo e notas: Carlos Dámaso Martínez. Buenos Aires: CEDAL, 1979.

MARTIN, Henri-Jean. *Historia y poderes de lo escrito*. Trad.: Emilia Fernández Prado e Ana Rodríguez Navarro. Gijón: Trea, 1999.

MOLLOY, Sylvia. *Acto de presencia*: la escritura autobiográfica en Hispanoamérica. México: FCE, 1996.

MYERS, Jeffrey. *Joseph Conrad*: a biography. London: John Murray, 1991.

NAUMANN, D. Literatura popular y vida literaria: la novela trivial del siglo XIX. In: ______. *Historia de la literatura europea*. Trad.: Joaquín Chamorro Hielke. Madrid: Akel, 1989.

NERVAL, Gérard de. *Sylvie*. Trad.: Ana María Moix. Barcelona: Destino, 1988.

NERVAL, Gérard de. *Sylvie*. Trad.: Luís de Lima. Org.: Fernando Sabino. Rio de Janeiro: Rocco, 2012.

POULET, Georges. *Tres ensayos de mitología romántica*. Trad.: José Luis Gil. Pamplona: Pamiela, 1990.

RICOEUR, Paul. *Tiempo y narración II*: configuración del tiempo en el relato de ficción. Madrid: Cristiandad, 1987.

RICOEUR, Paul. *Tempo e narrativa*. v. 2. As configurações do tempo na narrativa de ficção. Trad.: Marina Appenzeller. Campinas: Papirus, 1995.

SAER, Juan José. Líneas del Quijote. In: ______. *La narración-objeto*. Buenos Aires: Seix Barral, 1999.

SARLO, Beatriz. *La máquina cultural*: maestras, traductores y vanguardistas. Buenos Aires: Ariel, 1998.

STEINER, George. *Presencias reales*. Trad.: J. G. López Guix. Barcelona: Destino, 1990.

SUWALA, Halina. L'ébauche de L'argent. In: VÁRIOS AUTORES. *Mimesis et Sémiosis*: littérature et représentation. Paris: Nathan, 1992.

TEDESCO, Juan Carlos. *Educación y sociedad en la Argentina 1880-1945*. Buenos Aires: Solar, 1993.

VINCENT, David. *The rise of mass literacy*: reading and writing in modern Europe. Cambridge: Polity Press, 2000.

WATT, Ian. *The rise of the novel*. Berkeley: University of California Press, 1967.

WATT, Ian. *A ascensão do romance*. São Paulo: Companhia das Letras, 2010.

WILLIAMS, Raymond. *Solos en la ciudad*: la novela inglesa de Dickens a D. H. Lawrence. Trad.: Nora Catelli. Madrid: Debate, 1998.

WITTMANN, R. Una "rivoluzione della lettura" alla fine del XVIII secolo? In: CAVALLO, Guglielmo; CHARTIER, Roger (ed.). *Storia della lettura nel mondo occidentale*. Roma: Laterza, 1995.

WITTMANN, R. Existe uma revolução da leitura no final do século XVIII? In: CAVALLO, Guglielmo; CHARTIER, Roger (org.). *História da literatura no mundo ocidental*. Trad.: Fulvia M. L. Moretto. São Paulo: Ática, 1999.

WOOLF, Virginia. Thoughts of peace in an air raid. In: ______. *Collected essays*. v. 4. London: Chatto & Windus, 1969a.

WOOLF, Virginia. *Collected essays*. v. 2. London: Chatto & Windus, 1969b.

WOOLF, Virginia. *El cuarto de Jacob*. Trad.: Andrés Bosch. Barcelona: Lumen, 1978.

WOOLF, Virginia. *Entre actos*. Trad.: Andrés Bosch. Barcelona: Lumen, 1979a.

WOOLF, Virginia. Anon (1939-1940). *Twentieth Century Literature*, v. 25, n. 3/4, p. 382-398, outono/inverno 1979b.

WOOLF, Virginia. *Momentos de vida*. Trad.: Andrés Bosch. Barcelona: Lumen, 1980.

WOOLF, Virginia. *Cartas a mujeres*. Seleção e prólogo de N. Catelli. Trad.: Susana Constante. Barcelona: Lumen, 1993.

WOOLF, Virginia. *La señora Dalloway*. Trad.: Andrés Bosch. Barcelona: Lumen, 1998.

WOOLF, Virgínia. *Entre os atos*. Trad. Lya Luft. Rio de Janeiro: Novo século, 2008.

WOOLF, Virginia. *Mrs. Dalloway*. Trad.: Claudio Alves Marcondes. São Paulo: Companhia das Letras, 2017.

WOOLF, Virginia. *Um esboço de passado*. Trad.: Ana Carolina Mesquita. São Paulo: Editora Nós, 2020.

WORDSWORTH, W. *The prelude*: the four texts (1798, 1799, 1805, 1850). Book V: Books. Ed.: Jonathan Wordsworth. London: Penguin Books, 1995.

WORDSWORTH, William. *El preludio*. Trad.: Antonio Resines. Madrid: Visor, 1980.

WORDSWORTH, William. O prelúdio. In: AGUIAR, Angiuli Copetti de. *Tradução e estudo de The Prelude, de William Wordsworth*. 2022. 223 f. Tese (Doutorado em Estudos Literários) – Centro de Artes e Letras, Universidade Federal de Santa Maria, Santa Maria, 2022. p. 105-198.

VÁRIOS AUTORES. *De l'alphabétisation aux circuits du livre en Espagne, XVI-XIX siècles*. Paris: Centre National de la Recherche Scientifique, 1987.

VINCENT, D. *The rise of mass literacy*: reading and writing in modern Europe. Trad.: Nora Catelli. Cambridge: Polity Press, 2000.

ZOLA, Émile. *L'argent*. Paris: Garnier-Flammarion, 1974.

ZOLA, Émile. O *Dinheiro*. Trad.: Nair Fonseca e Camila Lie Nakazone. São Paulo: Boitempo, 2020.

Índice onomástico

Sobre a autora

Nora Catelli é escritora, crítica literária e ensaísta argentina. Formada em Letras na Universidade Nacional de Rosario, é doutora em Filologia Hispânica pela Universidade de Barcelona. Desde 1976, vive na Espanha, sendo uma das tantas intelectuais exiladas das ditaduras latino-americanas dos anos 1970. Foi Visiting Fellow do Programa Albert Schweitzer de Humanidades da Universidade de Nova York e é membro do Workshop do Rockefeller Archive Centre (Nova York), do projeto Hacia una Historia de las Élites Culturales en América Latina. Durante sua extensa trajetória literária, escreveu prólogos à obra de Virginia Woolf, George Eliot e Franz Kafka, entre outros, além de traduzir obras de Raymond Williams, publicar numerosos artigos sobre teoria literária e sobre autores e autoras da modernidade americana e europeia. Escreveu para o jornal *El País* e seu suplemento literário semanal, *Babelia*, bem como para a revista literária *Quimera*. Deu aulas de História do Livro e da Leitura, de Teoria da Linguagem literária e de Literaturas Comparadas na Universidade de Barcelona. Publicou *El espacio autobiográfico* (1991); *El tabaco que fumaba Plinio* (1998, em colaboração com Marietta Gargatagli); *Testimonios tangibles*, (2001 XXIX Prêmio Anagrama de Ensaio); *Ensayos desde ultratumba* (2007, MCVI Prêmio Sarcófago); *En la era de la intimidad: seguido de El espacio autobiográfico* (2007) e *Juan Benet, Guerra y Literatura* (2015). Em 2016, recebeu o Prêmio Konex para as Humanidades Argentinas.

Sobre o apresentador

Max Hidalgo Nácher é professor de Teoria Literária e Literatura Comparada na Universidade de Barcelona. Realizou estadias de pesquisa na Universidade Nacional de Rosario (2013), Universidade de São Paulo (2015 e 2017), Fundação Haroldo de Campos (2018), Universidade de Harvard (2016), École Normale Supérieure (2021 e 2022-2024) e Universidade de Yale (2022). É autor de *Teoría en tránsito: arqueología de la crítica y la teoría literaria españolas de 1966 a la posdictadura* (Universidad Nacional del Litoral, 2022), o primeiro volume de um projeto de pesquisa sobre *Los estudios literarios en Argentina y en España: institucionalización e internacionalización*, coordenado com Analía Gerbaudo. Editou *Los ángeles exterminados* (Athenaica, 2022), de José Bergamín, e é coeditor do volume coletivo *Julián Ríos y las metamorfosis de una escritura plural* (Libros del Innombrable, 2023). Atualmente, está concluindo um livro sobre Haroldo de Campos baseado em um estudo de sua biblioteca, suas redes intelectuais e o problema da tradução intitulado *Linguaviagens de Haroldo de Campos.*

Sobre os tradutores

Catarina Lara Resende é professora, tradutora e mestranda em Teoria da Literatura na Universidade do Estado do Rio de Janeiro, pesquisando as relações entre desejo e leitura em Silvina Ocampo, Anne Carson e Roland Barthes. Graduada em Artes&Design pela PUC-Rio, tem textos e trabalhos visuais publicados em veículos como *Ruído Manifesto*, *Jornal Relevo* e Editora Fictícia.

Ieda Magri é doutora em Literatura Brasileira pela Universidade Federal do Rio de Janeiro (UFRJ), professora de Teoria da Literatura da Universidade do Estado do Rio de Janeiro (UERJ) e pesquisadora do CNPq. É autora dos romances *Um crime bárbaro* (Autentica Contemporânea, 2022) e *Uma exposição* (Relicário, 2021) e do livro de ensaios *Da dificuldade de nomear a produção do presente: literatura latino-americana contemporânea* (7Letras, 2023). Sua pesquisa atual *Linhas de força da literatura latino-americana* é apoiada pela Faperj no programa Cientista do Nosso Estado (CNE) e pelo Prociência (UERJ).

Wagner Monteiro é professor adjunto de língua e literatura espanhola na graduação e de Teoria da Tradução na pós-graduação da Universidade do Estado do Rio de Janeiro. É pós-doutor em Literatura Espanhola e Tradução pela Universidade de São Paulo. Entre suas obras teóricas, destaca-se *Introducción a la teoría poética del Siglo de Oro español* (Appris, 2019). O autor verteu ao português obras como *Dona Perfecta* (7Letras, 2024), de Benito Pérez Galdós, em parceria com Andréa Cesco; a trilogia *A vida fantástica* (7Letras, 2023), de Pío Baroja; e *A nova arte de fazer teatro* (UFPR, 2023), de Lope de Vega.

Este livro foi feito com recursos do Programa de Apoio à Pós-Graduação (PROAP) da CAPES, via PPG Letras UERJ (PROAP/0907/2022/88881.719943/2022-01).

Dados Internacionais de Catalogação na Publicação (CIP) de acordo com ISBD

C358t
Catelli, Nora

Testemunhos tangíveis: cenas de leitura na literatura moderna / Nora Catelli; apresentação por Max Hidalgo Nácher; tradução por Catarina Lara Resende, Ieda Magri, Wagner Monteiro. – Belo Horizonte: Relicário, 2024.
208 p. ; 14,5 x 21cm.

Título original: *Testimonios tangibles: pasión y extinción de la lectura en la narrativa moderna*
ISBN: 978-65-5090-014-4 | Inclui bibliografia e índice.

1. Leitura – História e crítica. 2. Literatura – Ensaios. I. Nácher, Max Hidalgo. II. Resende, Catarina Lara. III. Magri, Ieda. IV. Monteiro, Wagner. V. Título.

CDD: 801.95
CDU: 801.7

No dia 3 de abril de 2001, um júri composto por Salvador Clotas, Román Gubern, Xavier Rubert de Ventós, Fernando Savater, Vicente Verdú e pelo editor Jorge Herralde concedeu, por maioria, o 29º Prêmio Anagrama de Ensaio a Testemunhos tangíveis, *de Nora Catelli.*

Esta é uma edição revista e ampliada a partir da edição original: Testimonios tangibles: pasión y extinción de la lectura en la narrativa moderna.

COORDENAÇÃO EDITORIAL Maíra Nassif Passos
EDITOR-ASSISTENTE Thiago Landi
PROJETO GRÁFICO Ana C. Bahia
CAPA Tamires Mazzo
DIAGRAMAÇÃO Cumbuca Studio
IMAGEM DA CAPA *The Travelling Companions* [Augustus Leopold Egg, 1862]
PREPARAÇÃO Lucas Morais
REVISÃO Olívia Almeida

RELICÁRIO EDIÇÕES
Rua Machado, 155, casa 4, Colégio Batista | Belo Horizonte, MG, 31110-080
contato@relicarioedicoes.com | www.relicarioedicoes.com
@relicarioedicoes relicario.edicoes

1ª EDIÇÃO [2024]

Esta obra foi composta em Freight Text e Neue Haas Grotesk
e impressa sobre papel Pólen Soft 80 g/m² para a Relicário Edições.